墨香财经学术文库

"十二五"辽宁省重点图书出版规划项目

国家社会科学基金青年项目（批准号：12CGL027）
国家自然科学基金青年项目（批准号：71002093）
辽宁省教育厅项目（批准号：W2011126）

U0656745

The Influence of Interlocking

Directorates on Corporate Strategy and Performance

An Empirical Study Based on A-share Listed Companies in China

连锁董事的战略与绩效影响

基于中国A股上市公司的实证研究

张　娆 ◎ 著

东北财经大学出版社
Dongbei University of Finance & Economics Press

大连

图书在版编目(CIP)数据

连锁董事的战略与绩效影响／张娆著．—大连：东北财经大学出版社，2014.3
(墨香财经学术文库)
ISBN 978-7-5654-1471-8

Ⅰ.连… Ⅱ.张… Ⅲ.①连锁企业-企业发展战略-研究②连锁企业-企业绩效-研究
  Ⅳ.F717.6

中国版本图书馆CIP数据核字(2014)第030398号

东北财经大学出版社出版发行

　　大连市黑石礁尖山街217号　邮政编码　116025
　　教学支持：(0411)84710309
　　营销部：(0411)84710711
　　总编室：(0411)84710523
　　网　　址：http://www.dufep.cn
　　读者信箱：dufep@dufe.edu.cn
大连图腾彩色印刷有限公司印刷

幅面尺寸：170mm×240mm　字数：135千字　印张：9 1/2　插页：1
2014年3月第1版　2014年3月第1次印刷
　　责任编辑：高　鹏　吉　扬　　　　责任校对：刘　洋
　　封面设计：冀贵收　　　　　　　　版式设计：钟福建
　　定价：30.00元

本书得到国家社会科学基金青年项目"转轨经济背景下的媒体治理与投资者保护的理论与实证研究"（批准号：12CGL027）、国家自然科学基金青年项目"企业网络视角下的公司治理：基于连锁董事的研究"（批准号：71002093）、辽宁省教育厅项目"连锁董事对公司战略与绩效的影响"（批准号：W2011126）的资助，特此致谢！

前　言

　　董事会是企业重要的管理机构之一，在公司战略决策方面发挥着重要作用。然而，我国上市公司董事会的一个典型特征是，董事会之间存在着极为普遍的网络联结（连锁董事）。那么，董事会的这些关系网络（连锁董事）特征是否会影响公司战略以及绩效？这正是本书致力于解答的问题。

　　本书基于我国2000年至2010年A股上市公司的连锁董事、公司战略和绩效数据，对连锁董事的公司战略和绩效影响进行理论与实证研究。通过将连锁董事操作划分为行业内联结和行业外联结（其中，行业内联结是指连锁董事所在的两家企业均在同一行业，行业外联结是指连锁董事所在的两家企业隶属于不同行业），将公司战略操作划分为战略选择、战略变革和多元化战略（其中，战略选择代表着公司战略的静态属性，战略变革代表着公司战略的动态属性，而多元化战略则代表着公司战略的结果属性），本书研究发现：

　　第一，行业内联结对战略偏离有显著的负向影响，行业外联结对战略偏离有显著的正向影响。当公司拥有较多的行业内联结时，更可能选择遵循行业普遍采用的主流战略，而当公司拥有较多的行业外联结时，更可能选择偏离行业普遍采用的主流战略。行业内联结与战略偏离的交互作用对公司绩效有显著的负向影响，行业外联结与战略偏离的交互作用对公司绩效有显著的正向影响。这意味着，当公司选择偏离行业主流战略时，拥有较多的行业内联结对公司绩效会有不利影响，拥有较多的行业外联结会改进公司绩效。

第二，行业内联结对战略变革有显著的负向影响，行业外联结对战略变革有显著的正向影响。当公司拥有较多的行业内联结时，更可能选择保持目前采用的战略不变，而当公司拥有较多的行业外联结时，更可能选择改变目前采用的战略。行业内联结与战略变革的交互作用对公司绩效有显著的负向影响，行业外联结与战略变革的交互作用对公司绩效有显著的正向影响。这意味着，当公司进行战略变革时，拥有较多的行业内联结对公司绩效会有不利影响，拥有较多的行业外联结会改进公司绩效。

第三，行业内联结对多元化战略有显著的负向影响，行业外联结对多元化战略有显著的正向影响。当公司拥有较多的行业内联结时，更可能选择专业化战略，而当公司拥有较多的行业外联结时，更可能选择多元化战略。行业内联结与多元化战略的交互作用对公司绩效有显著的负向影响，行业外联结与多元化战略的交互作用对公司绩效有显著的正向影响。这意味着，当公司采用多元化战略时，拥有较多的行业内联结对公司绩效会有不利影响，拥有较多的行业外联结会改进公司绩效。

第四，将上述三个结论结合起来可以发现，不同类型的连锁董事会对公司战略有不同影响，连锁董事对公司绩效的影响取决于不同类型连锁董事与公司战略的结合程度。

上述发现不仅在理论方面表明了公司战略的网络联结关系方面的影响，进而拓展了有关连锁董事和公司战略的现有研究，而且在实践上对董事会成员选择和董事会结构设计提供了有益的启示。

张 娆

2014 年 2 月

目 录

第1章 绪 论

1.1 研究背景与意义

1.1.1 研究背景

公司战略关注的是企业如何获得持续的竞争优势（Bamey，1991；Gulati，1999）。企业竞争优势通常体现在战略定位和价值创造等方面，因为通过合适的战略定位和价值创造，企业能够获得难以模仿的核心竞争优势（Porter，1980；Barney，1991）。Andrews（1971）认为，公司战略的关键在于能够有效地把外部机会和企业自身能力结合起来，从而有效地抵御外部环境不确定性所带来的风险，他使用"独特的竞争力"（distinctive competence）这个概念来形容有效的公司战略。Porter（1980）提出的"竞争战略"理论认为，竞争环境的结构维度是企业战略定位的主要因素，当企业所处的市场竞争环境变得清晰之后，企业的战略制定者才能够通过有针对性的战略定位来处理相关问题。

20 世纪 80 年代中后期，公司战略的研究开始转向企业内部属性的资源分析，从而形成了战略管理领域的企业资源观理论（Wemerfeh，1984；Barney，1991）。企业资源观理论（resources based view）认为，企业的差异主要体现在拥有资源的异质性（resource heterogeneity）方面。企业可以通过所拥有或者占有的资料来获取收益，而这些资源的稀缺性、难替代性和不易模仿性则是其是否能够发挥作用、创造价值的主要标志（Penrose，1959；Peteraf，1993）。企业资源观揭示了企业不仅从外部环境获取竞争优势，更应该关注与企业自身的能力建设上，能够有效地帮助管理者识别并发现那些能够产生持续竞争力的核心资源，并如何有效利用这些资源来制定企业的发展战略。

鉴于高管团队是公司战略的决策者，因此，也有学者（Hambrick & Mason，1984）从高管团队特征角度研究公司战略，被称为"高阶理论"（upper echelons theory）。高阶理论认为，"组织结果（包括战略的有效性）"是组织中高管团队价值观、认知能力的反映。但由于高管团队成员的价值观、认知能力特征变量是难以直接测量的，现有高阶理论的实证研究主要是将高管团队的人口统计特征（例如年龄、职业路径、教育背景、经济状况等）及其异质性（高管团队在职能背景、年龄、能力等维度的差异程度）特征作为高管团队认知能力的替代变量来探讨高管团队与公司战略之间的关系。

然而，随着研究的进一步发展，仅仅从高管团队人口统计学特征来预测组织的战略选择和绩效水平越来越受到学界的质疑。事实上，任何一名企业高层管理者都是社会人，都镶嵌于一组特定的社会关系网络中，这些社会关系网络所具有的社会资本无疑也是影响企业发展的重要因素（杨跃，2011）。因此高阶理论近几年利用社会学领域的相关理论，特别是社会资本理论，进行了诸多研究拓展与尝试，取得了较好的成果（Christopher & Kevin，2003；Li & Zhang，2007）。社会网络视角成为了公司战略研究的新方向。国内学者巫景飞等（2008）从高层管理者政治网络视角研究其对公司多元化战略的影响，正是沿着这一方向展开的研究。不过，这些研究视角相对狭隘，仅关注到高管团队的社会网络关系，忽视了一个重要群体——董事会——的特征可能对公司战略的影响。

实际上，随着董事会在公司的作用日益增大，加之董事会的网络关系（如连锁董事）在我国公司中又极为普遍，这一群体可能带给公司战略的影响也不容小觑。连锁董事，简而言之，即同时在两家或多家企业担任董事职位的董事。这一现象在我国上市公司极为普遍，从1999年至2009年，平均每年约有74.84%的企业拥有至少一位连锁董事，具体数据如表1-1所示。截止到2009年底，在我国1 692家A股上市公司中，有多达1 484家公司具有连锁董事联结，占上市公司总数的87.71%。从发展趋势来看，1999年A股上市公司拥有连锁董事的公司比例还仅为46.34%，截止到2009年则上升至87.71%，几乎翻了将近一倍。鉴于董事会是企业最为重要的管理机构之一，在公司战略的制定和执行方面发挥着至关重要的作用，董事会的社会网络（连锁董事）势必会对董事会的战略决策和制定产生影响。

表1-1　　　　1999—2009年中国上市公司连锁董事基本情况

项\年	1999	2000	2001	2002	2003	2004	2005	2006	2007	2008	2009
企业总数	930	1 083	1 038	1 204	1 264	1 353	1 251	1 410	1 524	1 599	1 692
拥有联结的企业数	431	513	565	907	1 044	1 149	1 134	1 174	1 285	1 380	1 484
联结企业比重（%）	46.34	47.37	54.43	75.33	82.59	84.92	90.65	83.26	84.32	86.30	87.71

数据来源：根据中国上市公司数据整理所得。

1.1.2 理论与现实意义

正是在上述理论和实践背景下，本书以我国转型时期的经济环境为背景，基于我国上市公司的相关数据，对连锁董事的战略和绩效影响进行理论与实证研究。

本项研究的理论意义：

（1）进一步深化了连锁董事研究。现有的连锁董事文献只是零散地考察了连锁董事对个别企业行为（如组织结构、毒丸计划、股票期权采用等）的影响，缺乏深入性和系统性。本书从连锁董事的行业背景角度考察其对公司战略和绩效的影响，对连锁董事文献具有增量贡献。

（2）拓展了现有的公司战略研究。现有文献在研究公司战略时，主要是从公司外部环境和公司自身特征两个方面进行研究，忽略了公司之间的网络联结关系对公司战略的可能影响。尽管也有少数文献从公司之间的网络关系角度考察过其对公司战略的影响，但都因为测量问题而无法提供有说服力的证据。本书基于连锁董事这种测量精度较高的数据进行研究，可能会拓展公司战略的现有研究。

（3）进一步厘清了连锁董事与公司绩效之间关系。大多数现有文献认为，连锁董事对公司绩效的影响是直接的，因此直接将连锁董事作为自变量对公司绩效（因变量）进行实证检验。根据本书的观点，连锁董事主要是通过公司战略间接地影响公司绩效，需要将连锁董事与公司战略结合起来进行考察。

本项研究的现实价值：

连锁董事现象在我国上市公司中非常普遍，本书研究结论将对企业董事候选人员的选择以及董事会结构设计（比如，在董事个人任职期满以及董事会换届时）提供启示。例如，通过关注董事候选人是否在其他公司任职、候选人兼任其他公司董事职位的数量、候选人任职公司的特征（如是否在相同行业等）、候选人自身的特征（如之前和现在的工作经验、知识背景等），可以最大限度地发挥董事会的作用，以便更加有效地应对外部环境的不确定性。

1.2 关键概念界定

连锁董事概念有狭义和广义之分。狭义上讲，同时在两家或两家以上公司的董事会担任董事职务的"董事"成员被称为连锁董事（Mizruchi，1996）。例如，如果甲是 A 公司的董事成员，同时还担任 B

公司的董事职务，则甲即为连锁董事。这是国外学者普遍使用的概念，由于这一概念仅包括通过"董事"成员形成连锁关系，本书将这一概念认定为狭义的连锁董事。

实际上，企业之间的连锁关系并非仅由"董事"形成，还可由其他成员形成。比如，如果甲是 A 公司的高管人员（如总经理、副总经理），同时兼任 B 公司的董事成员，也可形成连锁关系。在我国还有特别之处，我国企业采用董事会和监事会共存的两会制度，通过监事也可以形成企业间连锁关系。考虑到连锁董事概念反映的实质（通过企业内成员形成企业间连锁关系）和我国上市公司实际情况（董事会和监事会共存），本书给出如下概念：当一家公司的董事（高管人员、监事）同时兼任另外一家或多家公司的董事（高管人员、监事）时，本书把这些成员认定为连锁董事。① 与狭义概念相比，这一概念不仅包括由"董事"，还包括由"高管人员"和"监事"形成的连锁关系，因此，将这一概念认定为广义的连锁董事。这也正是本书使用的概念。

连锁联结：实质上，两家企业间的连锁董事便是一个连锁联结。与连锁董事概念的区别在于，连锁董事强调的是董事个人，而连锁联结则强调两家联结企业间的关系。

目标企业：待考察和研究的企业，与联结企业是相对应的一对概念。

联结企业：与目标企业通过连锁董事关系联结起来的企业，称为联结企业。其与连锁董事区别在于，连锁董事是针对董事个人而言，而联结企业是针对企业而言。目标企业与联结企业之间可由一位连锁董事联结，也可以由两位或多位连锁董事联结。

行业内联结与行业外联结：根据目标企业与联结企业（即与目标企业通过连锁董事关系联结的企业）是否在同一行业，将目标企业拥有的连锁董事联结分为行业内联结和行业外联结。行业内联结，即与目标企业属于相同行业的联结企业。行业外联结，即与目标企业不属于相

---

① 需要指出：尽管作了这一拓展，但必须在一方担任董事或监事成员。如果在双方均担任高管职位，则不被认为是连锁董事。

同行业的联结企业。

公司战略：根据定义，公司战略是企业一系列行为模式的反映（Mintzberg，1978），其关键是能够将外部机会和企业自身能力有效地结合起来，在抵御外部环境不确定性风险中形成"独特的竞争力"（distinctive competence）（Andrews，1971）。据此，本书从三个维度刻画公司战略：战略选择、战略变革和多元化战略。战略选择用战略偏离（strategic defection）加以测量，指企业选择的战略偏离行业普遍采用战略的程度。战略变革（strategic change），指企业战略随时间变化而变化的程度。战略保持（strategic persistence）概念与之相对，即企业战略随时间变化而保持不变的程度。多元化战略（diversification strategy），是指企业同时经营两种以上基本经济用途不同的产品或服务的一种发展战略。其中，战略选择代表着公司战略的静态属性，战略变革代表着公司战略的动态属性，多元化战略则代表着公司战略的结果属性。

公司绩效：公司绩效主要表现为财务绩效（如资产回报率、权益回报率等）和市场绩效（托宾 Q 值、市净率等）两个方面，其中，财务绩效主要反映企业经营业绩，市场绩效反映企业市场表现。现有研究认为，连锁董事对绩效的影响主要体现在财务绩效方面（Burt，1983；Fligstein & Brantley，1992；卢昌崇等，2006；任兵等，2007）。有鉴于此，本书使用财务绩效指标代表公司绩效。

1.3 研究目标与研究内容

1.3.1 研究目标

本书以我国转型时期的经济环境为背景，基于我国上市公司的连锁董事数据、公司战略数据和绩效数据，对连锁董事的公司战略和绩效影响进行理论与实证研究。本书将连锁董事操作划分为行业内联结和行业外联结（其中，行业内联结是指连锁董事所在的两家企业均在同一行业，行业外联结是指连锁董事所在的两家企业隶属于不同行业），将公司战略操作划分为战略选择、战略变革和多元化战略（其中，战略选择代表着公司战略的静态属性，战略变革代表着公司战略的动态属性，而多元化战略则代表着公司战略的结果属性）。因此，本书的具体目标有三：其一，考察连锁董事对战略选择和公司绩效的影响；其二，考察连锁董事对战略变革和公司绩效的影响；其三，考察连锁董事对多元化战略和公司绩效的影响。

1.3.2　研究思路

本书研究思路如图1-1所示：

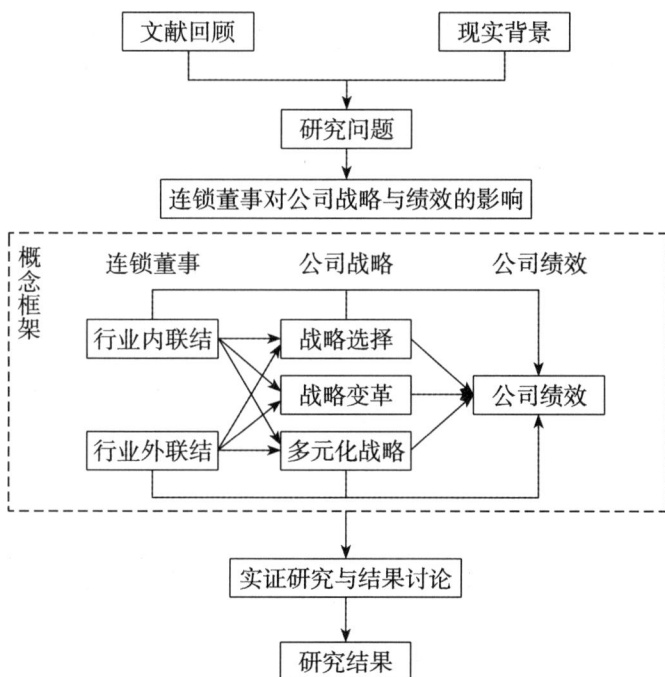

图 1-1　研究思路

1.3.3　研究内容与章节安排

本书研究内容与章节安排如图1-2所示：

研究章节	研究内容

第1章 绪论	研究背景是什么？有哪些研究意义？研究内容有哪些？有哪些可能的创新之处？
第2章 文献综述	前人做了哪些研究？这些研究有哪些不足？本书研究切入点在哪？
第3章 理论研究与研究假设	连锁董事对公司战略有何影响？连锁董事通过对公司战略的影响，如何影响公司绩效？
第4章 研究设计	本书使用哪些研究样本？数据从何而来？各个变量是如何定义和测量的？各个变量的描述性统计结果如何？
第5章 实证结果与分析	使用哪些方法和计量模型验证前文假设？实证结果表现如何？前面提出的假设是否得到验证？
第6章 结论、不足与展望	本书得出了哪些结论？研究局限性和不足体现在哪里？未来进一步研究方向在哪里？

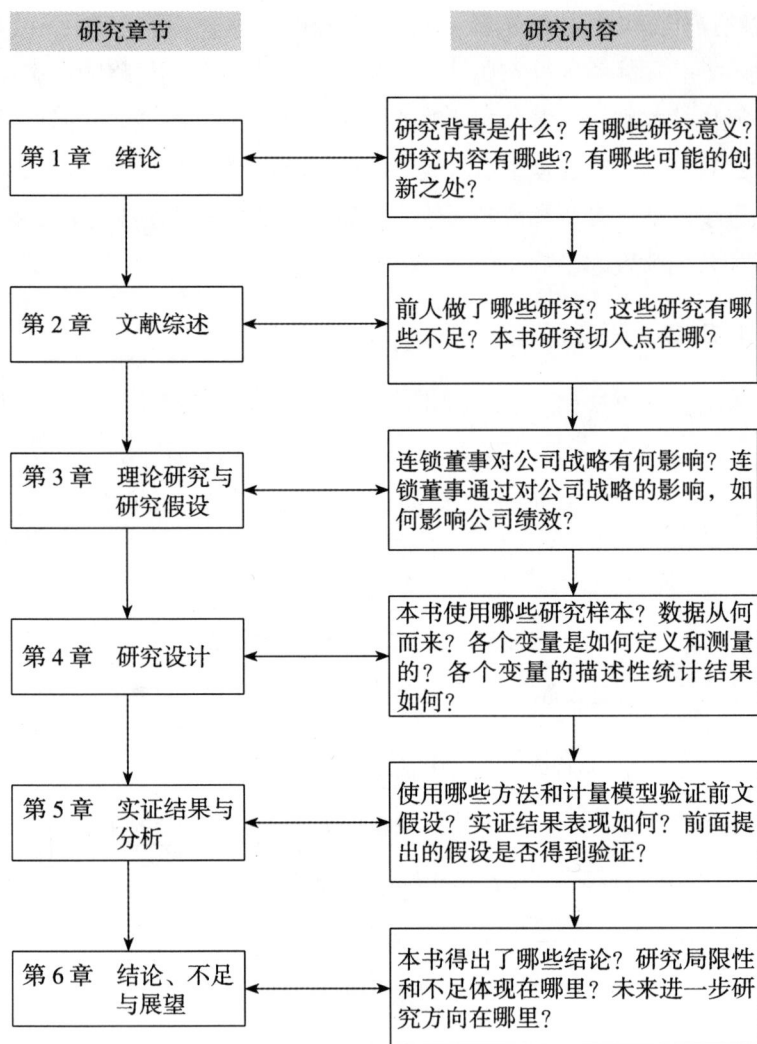

图1-2 研究内容与章节安排

1.4 可能的创新点

本书基于我国的转型经济背景和我国上市公司的相关数据，系统和深入地考察连锁董事的战略与绩效影响。其可能的创新点如下：

第一，在研究视角方面：本书从企业网络角度研究连锁董事对公司战略和绩效的影响，这拓展了现有大多数研究公司战略文献的外部环境和公司特征层面的视角。

第二，在研究内容方面：本书根据连锁董事联结的行业背景差异，将连锁董事形成的联结分为行业内联结和行业外联结，认为不同类型联结对公司战略和绩效的影响有所不同；在刻画公司战略构念中，分别从战略的静态选择（战略选择）、动态变化（战略变革）和结果状态（多元化战略）三个维度进行考察。

第三，在研究观点方面：本书认为，不同类型连锁董事联结的战略影响是不同的；连锁董事对公司绩效产生正向还是负面影响，这要看连锁董事联结类型与公司战略的契合程度。比如，如果拥有行业内联结的公司选用偏离战略（即偏离行业普遍采用的战略）、变革战略和多元化战略，那么连锁董事的绩效影响更可能是负面的；若拥有行业外联结的公司选用偏离战略、变革战略和多元化战略，那么连锁董事的绩效影响更可能是正面的。

第 2 章　文献综述

要对现有的连锁董事文献进行梳理，首先要做的，就是找出能够对这些文献加以归类的维度。当然，任何一个维度都不可能囊括所有文献，但是选择出来的维度必须能够包括其中的重要文献。本书的综述在保证囊括所有重要文献的前提下，尽量包容多数文献，为此，本书选择两个维度对连锁董事文献进行梳理，即关注的问题和审视的视角。几乎所有连锁董事文献都是围绕两个问题展开的，一是连锁董事为何存在？二是连锁董事的存在对各相关主体产生哪些影响？并且现有文献是从两个视角——连锁董事个人、连锁企业——对这两个问题做出回答。具体如图 2-1 所示。

2.1　连锁董事存在的原因

为何会出现连锁董事？学者们给出很多理论解释，如共谋理论、资源吸收理论、监督控制理论、合法性理论、职业生涯推进理论、管理控制理论、银行控制理论、社会凝聚理论。归纳起来，这些理论解释是从连锁企业和连锁董事两个视角给出的。共谋理论、资源吸收理论、监督控制理论、金融控制理论和合法性理论是从连锁企业视角给出的；职业

	共谋理论（Mizruchi，1996；Burt，1983）； 资源吸收理论（Ornstein，1984；Mizruchi & Stearns，1988；Sheard，1993；Mizruchi，1996）； 监督控制理论（Aldrich，1979；Stiglitz，1985；Eisenhardt，1989）； 金融控制理论（Allen，1978；Mintz & Schwartz，1985；Davis & Mizruchi，1999）； 合法性理论（Pfeffer & Salancik，1978；Bazerman & Schoorman，1983；Mizruchi，1996）	外围活动：企业对选举的贡献（Koenig，1999；Mizruchi，1992） 核心活动：并购（Haunschild，1993；Haunschild & Beckman，1998）；战略联盟（Gulati & Westphal，1999）；企业组织形式（Palmer、Jenning & Zhou，1993）；毒丸政策（Davis，1991）；绩效（Pennings，1980；Richardson，1987；Fligstein & Brantley，1992）
个人	管理控制理论（Mace，1971；Dooley，1969；Mariolis，1975；Richardson，1987）； 职业生涯推进理论（stokman et al.，1988；Zajac，1988；Useem，1984）； 社会凝聚理论（Mills，1956；Mace，1971；Useem，1984；Mizruchi，1996）	影响个人的价值性和行为准则（Koenig & Gogel，1981；Useem，1979；Useem，1984）
	原因	影响

（左侧竖排："企业" "审视的视角" "个人"；底部中央："关注的问题"）

图 2-1　连锁董事理论研究综述

生涯推进理论、管理控制理论和社会凝聚理论是从连锁董事层面给出的。

2.1.1　连锁企业视角

（1）共谋理论

共谋理论（collusion theory）指两个竞争性企业之间通过建立起连锁关系，从而可以固定、维持或者变更商品价格，限制商品的生产数量或者销售数量，分割销售市场或者原材料采购市场，限制购买新技术、新设备或者限制开发新技术、新产品等，以达到抑制市场竞争的目的（Mizruchi，1996）[①]。比如，Pennings（1977）和 Pfeffer（1972）的研究

[①]　需要说明的是，共谋理论并非由 Mizruchi 提出，但本节将其标注在这里，主要是基于两种考虑：其一，实际上，共谋理论在 20 世纪初，也即在《克雷顿法案》颁布之前，就曾被很多学者研究过，但限于文献太早，难于搜集到早期的提出者和随后的改进者；其二，共谋理论由 Mizruchi（1996）进行了系统整理。

发现，在集中度较高的产业内，竞争性的连锁企业之间可以通过沟通产品价格、广告和研发来获得好处。然而，这些好处是以开放的市场竞争为代价的（Stigler，1971）。为此，美国于 1914 年颁布了《克雷顿法案》（*The Clayton Act*）。这个法案确实发挥了较大作用，因为在该法案颁布之前，在美国同一产业内共享董事是非常普遍的，比如美国国家商业银行与纽约每一个主要的银行都有共同的董事，而在该法案宣布禁止同一行业的企业间共享连锁董事后，美国大公司间连锁现象大幅减少（Mizruchi，1982）。

在实证研究中，竞争性企业间的连锁是否确实促成了它们的共谋，这一直是一个有争议的问题。Pennings（1980）和 Burt（1983）以美国企业为样本研究了产业集中度和竞争性企业间连锁的关系。Pennings 发现两者之间存在着正向关系，而 Burt 则发现了两者间的倒 U 型关系，即在中等程度集中度的产业内，产业内连锁企业是最多的。Carrington（1981）以加拿大企业为样本，发现集中度和产业内连锁董事水平之间存在着正向关系。

（2）资源吸收理论

资源吸收理论（resources cooptation theory）是基于资源依赖理论提出来的，由于资源是企业发展的一个重要因素，因此将那些外部环境中的重要资源"吸收"进企业，对企业的生存和发展都极其重要（Burt，1983；Ornstein，1984；Mizruchi & Stearns，1988；Lang & Lockhart，1990；Sheard，1993；Mizruchi，1996）。"吸收"在这里不是指引入关键资源，而是将那些掌握资源的破坏性要素吸收进组织决策制定结构中（Sleznick，1949）。为说明此理论经常用到的一个例子是，如果一家企业欠某家银行巨债，为了安全起见，他会邀请这家银行的代表入驻企业的董事会。随后，很多学者（Dooley，1969；Pfeffer，1972；Allen，1974，Pennings，1980，Ziegler，1984；Sheard，1993）都检验了企业间资源依赖对连锁董事存在的影响。尽管其实证结论各异，但总体上他们还是支持连锁董事和企业间资源依赖之间的关系。

（3）监督控制理论

监督控制理论（monitoring theory）认为，一些机构投资者、银行家和顾客等有影响的利益相关者经常出现在企业的董事会中，其目的是监督和控制该企业（Aldrich，1979；Stiglitz，1985；Eisenhardt，1989）。Richardson（1987）在对银行家的访谈时发现，当一些企业处于财务困境中时，这家银行经常派自己公司的高管和董事入驻这一企业的董事会。其他学者也发现（Mizruchi，1982；Berkowitz et al.，1979；Burt，1983；Caswell，1984），公司经常派代表进入其掌握股权的其他公司董事会，这些发现都证实了监督控制理论的合理性。

（4）金融控制理论

金融控制理论（finance control theory）发现，在由连锁董事联结成的企业网络中，金融机构处于网络的中心位置，也即金融机构相对于非金融机构而言有较高的集中度和密集度，因此被称为金融控制理论（Allen，1978；Palmer，1983；Ornstein，1984；Mintz & Schwartz，1985；Davis & Mizruchi，1999）。Hilferding（1981）分析了20世纪初德国公司的集中性，发现集中度较高的银行业垄断了金融资本，进而对德国的产业企业施加了有效的控制。Fitch & Oppenheimer（1971）在以美国企业数据为样本的基础上，发现美国的主要银行通过控制金融资本，从而控制了美国产业。该理论一般认为，金融控制是伴随着并购和接管出现的，其中银行和保险等金融机构会持有产业企业较大比例的股票（Kotz，1978）。因此，金融机构会将它们的董事或高管人员安置在产业企业的董事会，以作为对那些企业的一种控制方式（Norich，1980）。

（5）合法性理论

合法性理论（legitimacy theory）主要是源于董事会承载着涉及企业声誉的一个重要功能（Selznick，1957；Parsons，1960），因为当投资者决定是否投资于一个企业时，他们通常要考虑到企业的管理水平，通过任命和其他重要组织相连的（Mizruchi，1996）或本身就是知名人物的（Pfeffer & Salancik，1978）个体，企业便可以向投资者传递出企业是值得投资的合法性信号，而企业对合法性的追求便成为连锁董事产生的一个来源（Bazerman & Schoorman，1983）。

诚如Dimaggio & Powell（1983）指出的，如果银行相信某家企业由某位声誉良好的个体监督，那么它可能更愿意借钱给该企业。这说明合法性可能是确保资源吸收理论所吸收资源的一个前提条件。

尽管合法性在组织理论中扮演着重要作用（Scott，1992），但该理论在连锁董事的研究中却一直没有得到重视，这主要是由于两方面因素：其一，这一理论很难进行实证检验；其二，实际上，资源吸收理论本身便涉及获取企业合法性所需资源，因此，该理论预测的结论和资源吸收理论紧密相关，学者们便无法区分开合法性理论和资源吸收理论导致的连锁董事。

短评：共谋理论仅关注竞争性企业之间的连锁，其主要观点是竞争性企业间连锁可以抑制市场竞争，进而提升连锁企业的绩效。对于国外学者而言，自20世纪90年代以后，关于共谋理论的研究已经极其少见，Mizruchi（1996）认为在美国的商业环境中这一命题已经无须再进行讨论，因为美国产业内连锁董事不断出现便印证了共谋理论的正确性。共谋理论对于非竞争性企业间的连锁不具有任何解释力，而这些正是资源吸收和监督控制理论的解释范围。不过在实证研究中，要区分资源吸收理论和监督控制理论几乎是不可能的。因为，一方面，二者都遵从着资源依赖理论的预测，另一方面，正如一些研究（Pennings，1980；Miruchi & Stearns，1988）表明，吸收资源和控制在基于资源依赖的连锁中同时发生。资源依赖理论认为，控制资源的一方被赋予了一种权利，而吸纳资源的一方则为那一权利的受动者，因此，在某一企业吸收另一企业的资源时，也同时让渡了受制于另一企业的权利，而这一权利的一种形式便是监督和控制（Mizruchi，1996）。实际上，金融控制理论是监督控制理论的一种特例，仅仅当监督方是金融机构时，才适用于这种理论解释。正如前文所言，合法性理论无法实证检验，且与资源吸收理论紧密相关，为此在很多相关论文中，都把合法性理论并入资源吸收理论进行讨论。

2.1.2　连锁董事视角

连锁董事经常被认为是组织之间的现象，这也许是有如此多关于连锁董事的组织层面研究的原因，但实际上他们却是由董事个体产生。对于有董事加入的企业而言，经常要做出一个组织层面的决策，以便向该董事发出邀请，但是在该董事加入那家企业的决策中，可能涉及原企业的决策，也可能是其本人的决策，或者是两者的综合（Mizruchi，1996）。前一部分从连锁企业视角对连锁董事理论进行了梳理，本部分则从连锁董事个人视角加以梳理。

（1）管理控制理论

赞同管理控制理论（management control theory）的学者大多认为董事会无力影响企业运营，因此对企业是不重要的（Mace，1971；Dooley，1969；Mariolis，1975；Richardson，1987）。由于利益相关者如此地分散，且对企业运营漠不关心，以至于高层管理人员通过随意地任命或替换董事来达到对董事会的控制。董事成员被看做是被动消极且缺乏专业知识的，其目的是避免任何形式与管理成员冲突而导致的"不稳定性"；董事会并不经常召开，即使召开，这些董事成员也不会为此精心准备，况且他们的出席率也是极低；对于内部管理人员而言，他们有权利确定将哪些信息发布给董事们，并决定实施哪些董事会政策；高层管理人员的目的是想在没有董事会约束下运营公司，由于他们的重要战略位置——作为企业日常经营者和董事会中的重要组成部分，一般而言，他们能够达到此目的。因此，持该理论的学者把董事会看做是管理层的"橡皮图章"，由董事会形成的企业间连锁联结也是毫不重要的（Galbraith，1971）。该理论将连锁董事的形成归因于董事的私人特征，比如个体的自尊，而不是连锁企业的特征（Dooley，1969；Mariolis，1975）。

（2）职业生涯推进理论

职业生涯推进理论（career advancement theory）是指连锁董事本人之所以担任多个企业的董事，其目的是获得社会地位、个人声誉和物质报酬，以便于在未来的职业发展中有更多被雇用的机会（Zajac，1988；Stokman et al.，1988）。该理论认为，连锁董事的出现并非有意的，而是无意的决策结果。Stokman 等（1988）基于荷兰大企业 20 年期样本的研究发现，新董事被任命的大部分原因是由于他们具有丰富的经验和高水平的专业知识。它们由此认为，之所以选择这些董事是因为他们个人的属性，而非他们所在组织的特征，这也和 Zajac（1988）的观点相一致。Useem（1984）在他关于内部圈子（inner circle）的研究中，提出了一个类似的主题，该研究表明拥有多个董事职位的个人会从他们所称谓的"商界"（business scan）中受益。在 Useem 关于连锁董事的访谈研究中，一个总经理曾说："身兼多个公司的董事职务，那肯定是正确的。它不仅拓展了交际圈子，还可以增加经验。这就是你为何进入多家董事会，在你给予时将获得更多……，即使它仅仅是扩展你的记忆库，那也注定是一笔财富。"

（3）社会凝聚理论

社会凝聚理论（social cohesion theory）认为，连锁董事代表着上流社会成员之间的社会联结（Mills，1956；Mace，1971；Useem，1984；Mizruchi，1996）。Mills（1956）这样描述："连锁董事是商界生活的一个固有特征，是社区利益、观点和政策统一的社会根基，这在有财产的阶层极其普遍。"这在 Mace（1971）的访谈研究中也有所体现。比如，一个董事说道："在纽约有很多俱乐部，如 Brook Club、Links Club、Union League Club 等，通过这些俱乐部，每个董事都能和其他董事相互联系。"在 Mills 和 Mace 等访谈研究的基础上，随后一些学者（Domhoff，1967；Zeitlin，1974；Useem，1984）便将连锁董事看做是上流社会阶层凝聚的黏合剂。

短评：管理控制理论、职业生涯推进理论和社会凝聚理论是从连锁董事个人视角理解连锁董事现象，他们认为连锁董事的出现是基于董事本人的私人特征，而不是连锁董事所在的企业特征。三个理论之间的不同之处在于，管理控制理论是站在原企业的管理者角度而言，职业生涯推进理论是站在连锁董事本人角度而言，社会凝聚理论则是站在整个上流社会成员阶层而言。另外，这三个理论均认为连锁董事的存在只是为了满足个人的利益，不会给企业带来任何影响。从研究方法方面讲，由于要探究连锁董事个人层面的研究一般要使用访谈方法，这种研究方法限制了连锁董事个人层面的深入研究，至少个人层面研究的文献要远远少于组织层面的文献。

2.1.3　个人原因，还是组织原因？

连锁董事究竟是组织层面的原因，还是个人层面的原因？学者们（Koenig et al.，1979；Palmer，1983；Ornstein，1984；Stearns & Mizruchi，1996；卢昌崇、陈仕华，2009）基于"重构的断裂联结服务于组织目的"这一假设，对这一问题进行了回答。学者们认为：如果连锁董事是因组织目的而生的，那么当这种联结关系断裂之后，会被企业重新建构起来；如果是因个人目的而生的，那么当这种联结关系断裂之后，就不再被企业进行重构了。

这一假设是由连锁董事的动态特征而产生的。实际上，正如 Mintz 和 Schwartz（1985）所言，"连锁联结有一个动态的历史"，或者说，连锁董事有其产生、消亡、再产生、再消亡……的过程（Palmer et al.，1986）。为了说明这一动态过程，我们以 A、B 两家企业和 a、b、c 三位连锁董事为例，具体过程见图 2-2。当 A（或 B）公司的任一董事 a 在 B（或 A）公司董事会获得一个位置，那么两家企业间便"产生"了连锁联结。随后，A（或 B）公司另外一位董事 b 可能再次进入另一家企业董事会，进而"增强"了这一联结。但是由于董事的工作变动、离职或死亡，可能导致联结两家企业的董事 a 离开一家或两家企业董事会。如果这时其他董事 b 仍联结着这两家企业，则认为这一联结被"分裂"（disrupt）；如果这时已没有其他董事 b 联结两家企业，则认为这一联结被"断裂"（broken）。最后，也可能有新董事 c 在分裂或断裂后再去联结这两家企业，这被认为是联结的"重构"（reconstitution）。可见，两家企业间的连锁联结经历着产生、增强、断裂（或分裂）、重构等过程。

国外学者们基于"重构的断裂联结服务于组织目的"[①]这一假定，

[①] 由于学者们对这一假定存在诸多质疑，致使有关连锁董事动态视角的研究被中断。归纳起来，他们的质疑主要集中于三点：第一，即使从动态的视角来考察，随着时间的变化，原来服务于组织目的的连锁董事现在已经发生变化，因此联结断裂后已经无须重新构建（Mizruchi & Stearns，1986）；第二，即使连锁董事原来的目的仍然存在，但是也可能因其他协调方式的采用，取代了连锁董事的功能，因而也未必会被重构（Palmer，1983）；第三，如果将连锁董事作为获取信息的工具，那么它可以和可获得相同信息的其他企业建立联结，也未必与原相同企业重构（Stearns & Mizruchi，1996）。

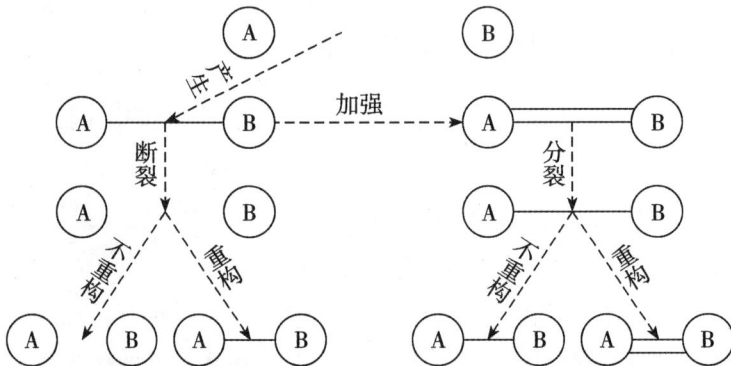

注:"圆环"代表企业,"实线"代表连锁董事,"带箭头的虚线"代表联结产生与发展的阶段。

图2-2 两家企业间连锁联结的动态过程

使用不同数据集和不同计量方法,对断裂联结的重构进行了仅有的四项研究,其文章主要发表在 ASQ 和 AMR 上。在这4篇中,其中3篇是基于美国公司数据,都发现断裂的联结具有较低的重构率,因此可能更多地服务于个人目的。另外1篇是基于加拿大公司数据,发现重构率接近一半,因此推断连锁董事可能既服务于组织目的,也服务于个人目的。具体如下:

Koenig 等(1979)使用1970年5月15日美国《财富》杂志上公布的797家大公司间的连锁董事数据,仅考虑因董事死亡所导致的断裂联结,发现在79个断裂的联结(初始样本为102个断裂联结,其中有23个是多元联结,即当一个联结断裂后还有其他联结联系这两家企业,因此从样本中剔除)中,仅有6个被重构,重构率为6%(与初始样本的比率),因此他们认为连锁董事更大程度上是以服务于个人层面为目的。

Palmer(1983)使用1962、1964和1966年美国1 131家大公司的连锁董事数据,考察了由连锁董事死亡和退休导致的断裂联结,发现断裂联结的重构率为15%,单连锁联结的重构率为8.9%,这和 Koenig 等(1979)的发现相一致(单连锁联结重构率为6%),因此 Palmer 也赞同连锁董事在很大程度上是以服务于个人层面为目的。

Stearns 和 Mizruchi(1996)使用1955—1984年间美国500强中的

22 家（11 个产业，每个产业选择出一家最大和一家最小的公司）企业连锁董事数据，考察了 255 个断裂的联结，发现有 35 个（14%）联结被重构，因此他们的发现与 Koenig 等（1979）、Palmer（1983）的基本一致。

Ornstein（1984）使用 1946—1977 年间加拿大最大（依据资产排序）的 100 家公司的连锁董事数据，共考察了 5 354 个断裂的联结，发现约 40% 的断裂联结被重构，远高于前两位作者的结论。由于重构和未重构的联结大约各占一半，因此他认为连锁董事既服务于组织目的，也服务于个人目的。

我国学者（卢昌崇、陈仕华，2009）也基于这一假定，对我国1999—2006 年全部 A 股上市公司的"断裂联结的重构"进行整理发现，1999—2003 年各年平均重构率为 31.77%。这意味着，在我国的连锁董事中，约 1/3 的连锁董事是因组织目的而生。

短评：现有研究主要关注组织层面的原因，对个人层面的研究关注较少，但正如卢昌崇、陈仕华（2009）的研究表明，因个人层面原因而产生的连锁董事约占 2/3，将来有必要在此方向进行深入和细致的研究。

2.2 连锁董事产生的影响

2.2.1 连锁企业视角

关于连锁董事产生的影响，可归为两类文献：一类文献是研究连锁董事对公司绩效的影响；另一类则研究连锁董事对企业相关活动的影响，比如企业对政治选举的捐助、并购、战略联盟、企业组织形式、反兼并政策等。

（1）连锁董事与公司绩效

若依据之前介绍的企业层面理论，连锁董事一般会对公司绩效产生正面影响。比如，根据共谋理论（Burt，1983），竞争性企业间的连锁董事有助于两家企业在价格和产量等方面形成共谋，从而有效地控制市场竞争，这会给公司绩效带来正面影响。资源吸收理论（Mizruchi & Stearns，1988）认为，连锁董事有助于企业从外部环境中获取重要资源，这可以缓解企业的资源依赖及外部环境中的不确定性因素，进而改善公司绩效。合法性理论（Scott，1992）也认为，企业通过连锁董事将自身、知名人物（Pfeffer & Salancik，1978）和知名企业（Bazerman & Schoorman，1983）联系起来，有助于满足制度环境要求，进而有助于增强企业合法性，这可以提升公司绩效。

不过，关于连锁董事和公司绩效的实证研究未能得到与理论预期相一致的结论。Pennings（1980）、Carrington（1981）和 Burt（1983）基于美国制造业数据的研究发现，连锁董事和公司绩效间仅存在极其微弱的正向关系。Carrington（1981）在使用加拿大企业数据时，发现两者之间存在显著的正向关系。而其他研究（如 Allen，1974；Mizruchi & Stearns，1988；Lan & Lockhart，1990；Boeker & Goodstein，1991；Fligstein & Brantley，1992）则更多地发现了两者之间的负向关系。Fligstein & Brantley（1992）在使用美国 100 家公司 1969—1979 年数据时，发现连锁董事和很多绩效指标负相关。在一份关于连锁董事的访谈研究中，董事成员曾指出，"当企业陷入财务困境时，银行经常会派人进驻董事会"（Richardson，1987），因此连锁董事会和企业财务绩效负相关。我国学者也发现两者之间的负向关系。任兵、区玉辉和彭维刚（2007）使用我国 284 家上市公司 1994—2001 年数据，发现连锁董事对公司绩效有负向影响。卢昌崇、陈仕华、Schwalbach（2006）基于 2003 年我国上海地区 140 家上市公司数据的研究发现，连锁董事和公司绩效指标存在显著的负相关关系。

（2）连锁董事对企业行为的影响

连锁董事与公司绩效之间关系之所以是不确定的，可能是因为连锁董事并非直接地影响公司绩效，比如可能通过诸如公司战略和公司治理等机制间接地影响绩效，也可能是因为在连锁董事和公司绩效之间的关系上存在着一些调节因素。因此，随后的学者们不再把关注点直接放在公司绩效上，而是考察连锁董事对企业行为的影响。

连锁董事影响企业对政治选举的捐助行为。Koenig（1979）最先研究了企业对美国前总统尼克松选举的捐助。在基于 800 家公司的样本中，Koenig 发现在连锁企业网络中具有较高集中度的企业（其他条件不变）更可能对尼克松选举进行捐助。在一个更加系统的研究中，Mizruchi（1992）使用了更加详细的数据，并纳入了较多的变量，他发现连锁董事和企业对政治选举的贡献具有相似性。有趣的发现是，企业间并没有如此多的直接连锁，它们之间更多地是通过金融机构形成的间接连锁（两个企业和同一家金融机构建立连锁关系，而两个企业间没有共享连锁董事，这两个企业间的连锁为间接连锁），但它们却具有相似的捐助模式。这可能意味着间接连锁的企业可能具有相同的信息源。Mizruchi（1992）还表明，当控制一些其他变量后，连锁的企业比未连锁的企业在政治问题中更可能表达出相同的观点。这些发现均表明，连锁董事对企业外部活动，比如政治选择活动的捐助，会产生影响。

连锁董事影响企业并购行为。Haunschild（1993）对美国 327 家企业自 1981 到 1990 年的收购行为的研究发现，核心企业现在的收购行为与连锁企业过去的收购行为正相关。在将收购类型划分为横向、纵向和混合并购三类时，相关关系依然存在。与收购相关的信息通过连锁董事在企业间传递，为企业间收购行为的相互模仿奠定了基础。同时，在企业网中，处于中心位置的企业（即与越多企业建立连锁董事关系）越充分地享有信息，其收购行为也越多。为进一步证明连锁董事在何种情况下起作用，Haunschild & Beckman（1998）对 1981—1990 年期间的 4 个产业内的全部中型及大型企业做了进一步的研究，发现来自相似领域的关联伙伴的信息比非相似领域的关联伙伴信息的影响更大。

连锁董事影响企业的联盟战略。Gulati & Westphal（1999）研究了连锁董事与战略联盟的关系，结果表明，仅仅存在连锁董事的企业间的联系并不一定促进企业间战略联盟的形成，而形成的可能性依据连锁董事与企业管理层的关系而定。其中，董事会对管理层的控制程度越高，越不利于连锁企业间的联盟形成，而如果董事会和高层管理者之间在战略决策上合作程度越高，连锁企业间形成联盟的可能性越大。

连锁董事影响企业组织结构形式的选择。Palmer，Jenning & Zhou（1993）研究发现，连锁董事对企业采取事业部组织形式有很大影响。

连锁企业采取事业部组织形式对核心企业采纳该形式有正面影响，而如果连锁企业没有采纳该形式，那么核心企业也不会采纳。

连锁董事影响毒丸（poison pill）政策的采用。Davis（1991）在对《财富》500 强企业自 1984 年 7 月至 1989 年 8 月的反兼并政策研究中发现，连锁企业网对反兼并的毒丸政策的传播有正向影响。如果其连锁的企业已经采纳了毒丸政策，那么核心企业采纳毒丸政策的可能性会增加。

2.2.2　连锁董事视角

Koenig & Gogel（1981）指出，每个国家都存在一些由企业中的精英人物构成的社会团体。他们拥有相同的背景、追求相同的目标、面临相同的问题，这一系列相同的境遇使他们形成一个具有较强凝聚力的社会网络群体。连锁董事是这一网络群体凝聚力的外在表现，为此也称连锁董事网。通过该网络，情感、价值观、知识和经验等都得以传播（Useem，1979）。一方面，作为该网络中的个体，会潜移默化地受到整个网络或网络中其他成员的影响，从而形成一致的道德观念和行为准则（Useem，1984）。另一方面，作为企业中的（连锁）董事成员，尽管他们无权去干涉公司的最终决策权，但是他们可以为公司设定道德标准和行为规范，促使公司中的高层接受这些准则，进而使他们在准则范围内经营企业，而不是去打破这一隐性规则。

2.3　关于中国连锁董事的相关研究

自 20 世纪 90 年代以来，我国企业普遍要求建立现代企业制度，董事会制度是现代企业制度的核心内容之一（任兵、区玉辉、林自强，2001）。随着现代企业制度改革的不断深化，企业之间的连锁董事现象也变得越来越普遍，而连锁董事的性质和作用也随之经历了变化。研究者（Schurmann，1965；Keister，1998；卢昌崇、陈仕华、Schwalbach，2006；任兵、区玉辉、彭维刚，2004，2007；毛成林、任兵，2005；任兵，2005，2007，2008；彭正银、廖天野，2008；卢昌崇、陈仕华，

2009）针对不同时代的连锁董事的研究，丰富地展现了连锁董事性质的变化：连锁董事生成的情景、机能以及潜在的影响随着时间的变化而演化。

Schurmann（1965）基于我国20世纪60年代数据的研究发现，大部分连锁董事产生于国有工厂的相互分享管理人员的背景之下。政府将某些官员指派到多家工厂担任管理人员，而这些具有政府官员背景的管理人员便成为中国最初形态的连锁董事。Schurmann（1965）指出，在当时的时代背景下，连锁董事的主要作用是执行和监督政府的生产和管理计划，而在影响企业战略和协调企业之间关系方面并未发挥任何作用。因为，当时的国有企业并不是真正意义上的企业，它们不具有战略选择的自主权，因此，缺乏应对资源约束和环境不确定性的企业间战略安排（任兵，2008）。

随着我国实行经济制度改革和现代企业制度建设，改革后的连锁董事成为具有新的意义的一种组织形式。尤其是在1992年之后，《公司法》的实施和资本市场的建立，使得连锁董事在企业间关系和企业应对环境约束和资源获取方面发挥作用成为可能（任兵，2008）。Keister（1998）关于中国大型企业集团的组织结构和绩效的研究充分说明了这一点，她研究发现，连锁董事是改革开放后的中国企业集团中的一个重要的结构特征，扮演着极为重要的战略角色。在一家企业集团中，集团总部、集团成员以及金融机构之间，均是通过连锁董事来进行协调、控制和沟通，因此企业集团内部存在的连锁董事提升了集团成员的财务绩效。

Keister（1998）的研究表明连锁董事嵌入了中国大型企业集团的组织结构中。然而，更多的研究表明，连锁董事已经超出企业集团的边界，成为企业之间的一种重要的组织形式，即在不隶属于企业集团的上市公司之间，连锁董事也同样发挥着重要作用。卢昌崇、陈仕华、Schwalbach（2006）研究发现，上市公司的连锁董事与公司规模成正相关关系，企业销售收入和税前利润与连锁董事数量均有正相关关系，企业短期偿债能力的高低和连锁董事数量呈负相关关系。

任兵、区玉辉、彭维刚（2004）关于区域连锁董事网络的研究进一步体现了中国转型经济的情景因素的作用，揭示了连锁董事在中国转型经济情景下更为丰富的战略管理内涵。他们研究发现，企业间的连锁董事联系网络格局会因地区差异而显著不同，尤其对于像广东和上海这样的地区。这样的研究表明，除了关注连锁董事的一般性理论解释外，还要关注连锁董事所处的情景变量，比如地区差异以及可能的经济和社会体制因素。而这些因素对于连锁董事的影响，与西方市场经济成熟的国家是完全不同的。

此外，任兵（2007）对于转型中企业间连锁董事联系格局的深入考察揭示了多种形态的连锁董事联系：竞争者企业之间、上下游企业之间以及跨行业企业之间的连锁董事。然而，在接近千家的上市公司中，有些企业选择不连锁，而有些企业选择广泛的连锁，并形成了各种连锁族群。比如，在上海，形成了一个以浦东发展银行为核心的包括金融业、房地产业、制造业、综合行业、服务业以及文化与宣传业的连锁族群。在长江三角洲一带，形成了以上海和江苏的出租车行业为核心的连锁族群。而在湖北，形成了以批发零售业为核心的连锁族群。究竟这些连锁族群体现了怎样的资源依赖机制？连锁董事为克服企业的资源依赖约束如何发挥作用？对这些问题我们要进行深入地探讨。

中国转型过程中制度和市场环境的不确定性也同时塑造了企业连锁董事制度上的差异，以及连锁董事不确定的作用机制。在转型中，公司治理被认为是连锁董事机能相关的一个关键的情景和结果变量。公司治理绩效（有效的和无效的公司治理环境）可以塑造相应的连锁董事的作用机制，比如，在有效的公司治理框架下，连锁董事可以成为强化公司治理绩效的一个企业间治理结构，通过传递信息和协调等功能，拥有连锁董事的企业会通过较强的企业间治理而获得更高的回报。当公司治理环境恶劣，连锁董事的情况会变得复杂，甚至给企业带来负面的影响。

针对中国企业连锁董事与公司绩效关系的研究结果支持了多种情景作用下连锁董事的作用机制。彭正银、廖天野（2008）的研究认为，转型中的连锁董事起到了积极的作用，公司所处的连锁董事网络的规模、公司的网络中心度以及连锁董事所担任的连锁董事数目与公司治理绩效之间具有正相关关系。然而，任兵、区玉辉、彭维刚（2007）则发现，企业的连锁董事网络核心度越高，企业反而会具有更糟糕的资产回报率。以上研究结果总体表明，在转型中连锁董事的作用机制和情景紧密相关，因此有必要在中国情境下研究连锁董事的作用机理。

2.4 关于现有文献的评论

关于现有文献的评论主要有以下两点：

其一，与连锁董事形成原因的文献相比，考察连锁董事产生的影响的文献相对较少，且非常不成熟。关于连锁董事的绩效影响，现有文献并未得出一致性的结论，这可能是因为在连锁董事和公司绩效关系之间可能存在着某些中介变量或调节变量。尽管已有学者去发掘了一些中介或调节变量，比如，并购战略、战略联盟、公司政治行为、组织结构等，在一定程度上体现出其战略方面的影响，但这些文献还较为零散，缺乏系统性和深入性。

其二，有关连锁董事的相关研究均是以西方发达国家为背景展开的，针对诸如我国这样的转型国家的连锁董事进行的研究还较为少见。在西方发达市场经济国家，公司治理环境相对优越，市场机制发挥的作用也相对较大。而我国与西方的经济与社会制度环境有较大差异，在这样独具特色的经济和文化制度下来理解连锁董事战略和绩效影响，对深化连锁董事战略和绩效等相关文献有重要的学术意义。

正是在这些文献背景下，本书旨在以我国转型经济为背景，基于我国上市公司的连锁董事数据，系统和深入地考察连锁董事的战略和绩效影响。

第 3 章　理论研究与研究假设

3.1　董事会、公司战略与公司绩效

在 20 世纪 90 年代以前，对董事会功能的理论研究偏重于监督功能，认为董事会主要是为了解决代理问题而存在（龚红，2004）。Berle & Means（1932）、Jensen & Meckling（1976）、Fama & Jensen（1983）、Williamson（1984）、Shleifer & Vishny（1997）、Hermalin & Weisbach（2000）等在解释董事会的存在性时，都认为董事会是一项解决所有者和经营者之间代理问题的内生治理机制，其主要作用是监督经营者。而事实上，除了监督高管之外，参与战略决策也是董事会的一项重要功能。尽管在 20 世纪 90 年代以前，学者们并不否认董事会可能会在战略决策方面发挥作用（比如，Mace，1974；Tricker，1984；Rosenstein，1987），但这些学者认为，董事会充其量只是 CEO 在战略决策方面的顾问，并不会对战略决策有实质影响。

但从 20 世纪 90 年代开始，西方国家大量严重的公司欺诈行为，使得股东们对"橡皮图章式"的董事会越来越不满，建立负有更大责任的董事会的呼声不断增强。在环境的支持和压力下，董事会的职责开始

拓展到公司战略领域。Demb & Neubauer（1992）与英国和欧洲各国的71 位董事进行了访谈，另外对 127 位董事进行了考察，发现 75% 的董事认为战略决策是董事会的重要功能。Hill（1995）与英国 11 家大型企业的 42 位董事进行了访谈，发现董事的主要作用是制定公司战略和方向，而非执行董事认为他们有更加广泛的作用，包括扩大公司远景的范围、提高董事会对环境变化的预测能力及作为 CEO 的宣传委员会。1993 年，Conference Board 在对 495 家美国公司的董事会秘书进行调查时发现，平均来讲董事会会议时间的 25% 是用于讨论战略问题；1995年，它又对 82 家美国和英国公司的董事进行了调查，发现 49% 的董事认为董事会的作用是积极参与战略方案的选择。Stiles（2001）通过与英国企业的 51 位董事以及 7 位利益相关者代表进行的开放式访谈、对121 位董事会秘书进行的问卷调查和 4 家英国上市公司进行的专门案例研究，也证实了战略决策是董事会最为重要的功能。李维安（2001）认为，作为公司的最高战略决策机关，董事会必须履行相应职能，确保对公司的战略性指导，保证企业决策的科学性。王智慧（2000）认为，董事会和经理人员都承担着制定、选择、实施与控制战略的任务，而且董事会对战略过程起着全局把握和参与决策的作用。

董事会战略决策参与程度与公司绩效的关系。Pearce & Zahra（1991）对财富 500 强中 139 家公司的研究发现，用每股收益来衡量，董事会战略决策参与程度与公司绩效正相关。Judge & Zeithaml（1992）对美国 4 个行业的 114 位董事进行的研究也发现，在去掉了行业和规模的影响后，董事会战略决策参与程度与公司财务业绩正相关。对于董事会战略决策参与程度的影响因素，Ruigrok，Peck & Keller（2006）对瑞士企业的研究发现，董事长与 CEO 两职兼任会降低董事会对公司战略决策的参与程度，但董事会规模、独立董事所占比例与董事会战略决策参与程度不相关。

既然董事会的一个重要功能是参与公司的战略选择和战略决策，（Pfeffer & Salancik，1978；Lorsch & MacIver，1989；Demb & Neubauer，1992），董事会的外部联结（连锁董事）自然会对董事会的这一功能产生影响。但是，连锁董事如何影响公司战略？影响哪些公司战略？这正是本书随后将要回答的问题。本书将连锁董事按照行业背景分为行业内联结与行业外联结，将公司战略操作化为战略选择、战略变革和多元化战略，其中战略选择代表着公司战略的静态属性，战略变革代表着公司战略的动态属性，多元化战略代表着公司战略的结果属性。本书随后分别从战略选择、战略变革和多元化战略三个方面进行理论推演，并提出相应研究假设。本书研究的概念框架图如图 3-1 所示。

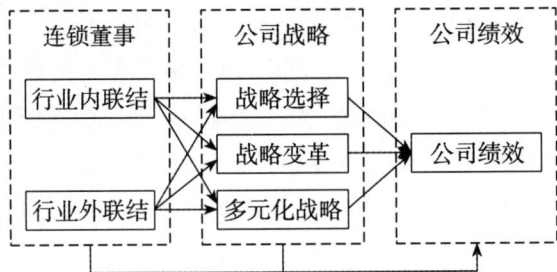

图 3-1　研究概念框架

3.2　连锁董事、战略选择与公司绩效

战略选择理论是在与"环境决定的宿命论"的论战中形成的，所谓"环境决定的宿命论"是指企业外部环境决定了企业组织结构及其运作模式。战略选择理论认为，企业并非总是被动地适应环境，其自身有机会和能力去塑造环境以实现自身的目标（Child，1972），也即企业内部的高层管理团队通过积极的"战略决策"可以改变组织的环境、结构和运作模式（罗珉，2006）。高阶理论（upper echelons theory）也赞同高管团队在战略选择中的重要作用，它认为"组织结果（包括战略及其有效性）是高层管理团队价值观、认知能力的反映"（Hambrick & Mason，1984）。由于价值观和认知能力等变量是难以直接测量的，高阶理论将高管团队的人口统计特征（如教育背景、年龄、职业路径和经济状况等）作为替代变量。正是基于此，Finkelstein & Hambrick（1990）研究发现，高管团队任期影响企业战略选择，即随着高管团队任期的延长，由于风险规避倾向不断增大，他们倾向于选择风险系数较低的战略方案。

这些文献都假定，高层管理者在战略选择中发挥着重要作用，而董事会在战略选择中几乎很少发挥作用。实际上，一些研究也逐渐表明了董事会对战略决策的影响。Gibbs（1993）和 Bergh（1995）发现，当代理成本较高时，董事会有很强的动力去保护股东利益，进而影响企业战略制定。Judge & Zeithaml（1992）也发现董事会经常会卷入企业的战略决策制定过程中，不过外部董事要比内部董事卷入程度低。Goodstein 和其同事（Goodstein & Boeker，1991；Goodstein，Gautam & Boeker，1991；Goodstein，Gautam & Boeker，1994）的一系列研究表明，企业在董事会换届时，更倾向于进行战略变革，这表明董事会可能帮助高层管理者制定新的战略。Westphal（1999）发现，董事会通过向 CEO 提供咨询和建议，进而影响企业战略制定。Westphal & Fredrickson（2001）研究表明，之所以新上任的 CEO 倾向于进行战略变革，这主要归因于董事会的"功劳"，因为新的 CEO 是董事会通过以前的经验而进行选择的。他们认为，董事会为企业设定新的战略方向，然后通过选择那些具有企业新战略方向所需经验的 CEO，去制定和实施战略变革。因此，他们认为，董事会才是战略变革的真正"幕后操纵者"。尽管现有文献已经发现了董事会在战略选择中的积极作用，但鲜有文献探讨董事会的外部联结（如连锁董事）对战略选择，进而对公司绩效的影响。

3.2.1　连锁董事与战略选择

正如 Cyert & March（1963）所言，企业的决策制定者是在有限或模糊信息下进行战略决策。不仅决策制定过程（监控外部环境、评价内部情况、制定可行战略方案、选择恰当的行动）本身充斥着复杂性，而且变化的外部环境、相互冲突的信息，以及决策制定者多个相互冲突的目标和认知缺陷，这些都加大战略选择的难度（March & Simon，1958）。因此，战略决策成为行为因素的结果，而不是经济学中普遍强调的理性选择的结果。决策制定者受他们之前知识和经验的影响，有选择性地挑取有限的信息，并采用简化的现实模型（March，1994）。此外，决策制定者为了洞察不能确定的选择方案，经常不采用正常的搜寻和选择过程，而是常常依赖已经具有的信息渠道和外部其他参照物。连锁联结正是这一信息渠道，连锁企业也成了企业理想的参照物。

企业的连锁联结通过两种机制影响战略选择：一是由于连锁联结作为一种信息渠道，会对战略选择产生信息影响；二是连锁企业作为企业的理想参照物，会对企业战略选择产生社会影响。

连锁联结的信息影响。作为董事会获得其他企业战略信息的通路，连锁联结至少可能有三种影响企业战略选择的途径。

一是连锁联结可能会帮助董事会获取有关外部环境的信息。Mintzberg（1973）指出，跨越企业边界活动（连锁董事、合资等）的主要功能就是获得外部环境的信息。企业通过这些活动与环境中其他实体的相互沟通，董事会可以获得这些信息。尽管诸如媒体等其他渠道也传递了很多关于外部环境的信息，但正如 Haunschild（1993）所言，连锁联结传递的信息影响力更大，因为通过这一渠道获得的信息更加及时、鲜活和生动。

二是连锁联结可能会影响董事会对外部环境的认知。在有限信息情况下，决策制定者会求助于外部参照物，从它们那里获取有关未知信息和领域启示。通过总结参照物的经验和教训，形成他们自己的认知框架，进而影响着他们对外部环境的认知。

三是连锁联结有助于董事会帮助高层管理者形成更多的战略选择方案。通过从外部参照物中获得恰当的行为向导，董事会可以减少面临的不确定性。Cyert 和 March（1963）指出，决策制定者通过诉诸外部参照物获得可行方法，这可以降低方案产生和评价过程中充斥的不确定性。DiMaggio & Powell（1983）在他们的制度同形（institutional isomorphism）理论中拓展了这一假说，认为组织同质化现象的一种解释是一个企业会依靠它周围的企业，去获取有效应对外部突发情况的政策和实践。Haveman（1993）关于银行组织的研究支持这一论断，表明企业经常模仿和企业相联结的大型且比较成功组织的行为。

概言之，连锁联结作为企业获取信息的渠道，可以帮助企业获得有关外部环境的信息、影响决策制定者的认知和扩大战略备选方案，进而影响企业的战略选择。

连锁联结的社会影响。连锁联结作为社会影响的渠道，有助于新观点和新实践在企业间传播。这是基于学者们（Coleman、Katz & Menzel，1966；Janis，1972）的如下观察：社会相互影响使参与者的观点和行为具有同质性。正如外部参照物的行为和观点在不确定性情况下极其显眼一样，这些鼓励同形的社会影响在不确定性情况下也同时是最强的（Cyert & March，1963）。如 Dimaggio & Powell（1983）所言，这些影响是在社会构造和制度场域中传播，并通过共享的经验和职业网络得到加强。总之，社会影响不仅塑造了决策制定者的观点，还使这些观点和与之相连者保持一致。

研究已经发现，连锁联结作为社会影响的重要渠道，影响创新在企业间的传播。正如前文所言，毒丸政策（Davis，1991）、事业部组织结构（Palmer，Jennings & Zhou，1993）、公司并购（Haunschild，1993）和政治捐赠活动（Mizruchi，1992）都通过连锁董事网络传播，使通过连锁董事联结的企业都采用了相同的政策和实践。这些证据表明，企业通过与其他企业的相互影响，将其他企业采用的政策和实践暴露在它的面前，这有助于企业模仿。当然，这对于企业的战略选择也同样适用，也即企业在进行战略选择时，会受到联结企业战略选择的影响。

总之，连锁联结不仅可以使企业从其联结企业那里获得其所需信息，还能直接参照其联结企业的创新政策和实践，进而影响企业的战略选择。因此，连锁联结会影响企业的战略选择。

现有文献已从多个维度对战略选择进行考察，比如差异化或低成本（Porter，1980）、变革或保持（Miles & Snow，1978）、创新时机或焦点（Maidique & Patch，1982）、国内或国际战略（Bartlett & Ghoshal，1989）等。本书根据公司战略属性，用战略选择（战略偏离）、战略变革和多元化战略三个维度来刻画公司战略的选择。其中战略选择代表了公司战略的静态属性，战略变革代表了公司战略的动态属性，多元化战略代表了公司战略的结果属性。

战略选择可以根据企业选择的战略遵循或偏离行业主流战略趋势的程度，将战略选择分为战略偏离与战略遵循。如果企业战略较大程度地遵从行业主流战略，则认为企业采用了遵循战略；如果企业选择的战略极大地偏离了行业主流战略，则为偏离战略。本书认为，连锁董事通过影响董事会的信息收集、对外部环境的认识、战略选择方案，进而影响企业选择遵循或偏离行业主流战略程度，即连锁董事联结影响公司的战略偏离。对不同类型连锁董事联结而言，他们对战略偏离产生的影响可能会有所不同，具体如下：

行业内联结，即处在相同竞争领域内企业之间通过连锁董事建立的联系。由于在相同领域内高层管理者面临着相似的情况，这种联系会促进他们之间的相互影响和沟通。研究（Spender，1977）已经表明，相同行业内的管理者和董事会的观点之间有很多共同之处，而且共享着相似的经验和教训，开出的战略处方也较为相同。Hambrick（1982）也发现，行业内高层管理者观点的同质性可能源于高层管理者之间的相互影响。行业内成员之间观点的相似性和同质化表明，行业内联结可能会增加企业遵循产业的主流战略。因为行业内联结可能会降低董事会和高层管理者识别新机会、构思新战略选择方案的能力，使他们较少可能地采取和选择偏离产业内主流战略。因此，本书假定：

假设 1A：目标企业的行业内联结对战略偏离有负向影响。

行业外联结，即处在不同竞争领域内企业之间通过连锁董事建立的联系，会增加战略决策制定者制定和实施偏离行业主流战略的能力。行业外联结使企业不再依赖于行业内决策制定者共享的决策框架。因为，其一，企业决策制定者看待环境、商业实践和目标设定的观点受到行业外的不同经验的影响；其二，由于他们分属于不同的组织场域，因此通过行业联结获得的商业环境信息和行业内获得的信息是有区别的。结果，通过行业外联结，使企业董事会暴露在各种各样的信息和观点之中，这便于他们识别新的商业机会、构思新的战略选择方案，有助于他们选择偏离战略。因此，本书假定：

假设 1B：目标企业的行业外联结对战略偏离有正向影响。

3.2.2　连锁董事、战略选择与公司绩效

连锁董事、战略变革和公司绩效的关系可以从管理匹配（managerial fit）的概念中得到启示。研究者们（Michel & Hambrick，

1992）发现，当决策者拥有的知识和经验与企业追求的战略相一致或匹配时，企业会取得较高的绩效。Barney（1991）指出，那些容易模仿的实践不是企业竞争优势的主要来源，而那些不太明显且较微妙的才是其关键所在，企业内部系统的结构和构成等正是这些不易觉察的资源。连锁董事联结可以允许董事和高管成员亲自到其他企业中去体验和搜寻其他企业战略制定和实施中的经验和教训（Burt, 1987）。另外，Pfeffer（1972）研究表明，当企业的董事会结构，能够通过连锁董事与企业所依赖的关键资源建立外部联系，则会给企业带来较高的回报。这意味着，对企业而言，当其拥有的外部联结类型与企业战略相匹配时，会取得较高的绩效。

当遵循行业主流战略可以提升公司绩效时，拥有较多的行业内联结对企业是有益的，因为它可以使目标企业董事或高管成员亲自到同行业的其他企业中去体验和搜寻公司战略的经验和教训，确保企业在战略制定和实施方面保持与行业主流战略相一致。而当偏离行业主流战略（战略偏离）可以提升公司绩效时，拥有较多的行业内联结对公司绩效则是不利的。因此，本书假定：

假设2A：行业内联结和战略偏离的匹配程度越高，公司绩效水平越低。换言之，行业内联结和战略偏离的交互影响对公司绩效有负向影响。

同理，当偏离行业主流战略可以提升公司绩效时，拥有较多的行业外联结不仅可以帮助目标企业获得其他领域的第一手资料，而且还可以让目标企业直接接触到其他行业中不同的竞争实践，扩大企业战略选择的集合，有助于企业进行战略偏离。因此，如果企业进行战略变革是有益的，那么拥有较多的行业外联结会提升公司绩效。为此，本书假定：

假设2B：行业外联结和战略偏离的匹配程度越高，公司绩效水平越高。换言之，行业外联结和战略偏离的交互影响对公司绩效有正向影响。

前文假设汇总，见图3-2。

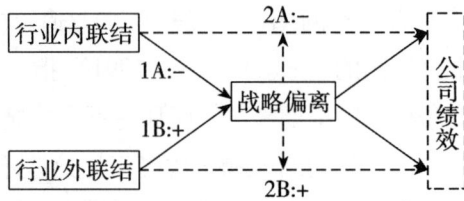

图3-2 连锁董事、战略偏离与公司绩效假设汇总

注：1A、1B……，分别代表前文相应的假设，+、-符号代表预期的影响方向，实箭头线表示直接影响，虚箭头线表示间接影响。

3.3 连锁董事、战略变革与公司绩效

战略变革即企业战略对环境变化作出的调整（Snow & Hambrick，1980），是组织和环境的匹配模式随着时间在形式、性质和状态上的变化（Rajagopaian & Spreitzer，1996）。Rajagopalan & Spreitzer（1996）依据研究问题和方法，将现有战略变革的研究分为两大流派：一是内容学派，主要集中于战略变革的前因和后果（Gibbs，1993；Ginsberg & Buchholtz，1990）；二是过程学派，主要关注战略变革的发展阶段（Webb & Dawson，1991；Whipp，Rosenfeld & Pettigrew，1989）。基于战略变革内容和过程学派的研究，Rajagopalan & Spreitzer（1996）引入了管理者认知和管理者行为两个要素，提出一个综合的战略变革理论模型。引入这两个要素极其重要，因为它将关注点从战略变革的外源性驱动因素转移到潜藏在其背后的内源性驱动因素，即管理者的认知和行为要素。

与此观点相吻合的还有高阶理论（upper echelons theory），它认为"组织结果（包括战略及其有效性）是高层管理团队价值观、认知能力的反映"（Hambrick & Mason，1984）。不过，由于价值观和认知能力等变量是难以直接测量的，现有高阶理论主要是将高管团队的人口统计特征（如教育背景、年龄、职业路径和经济状况等）作为替代变量。基于此，Finkelstein & Hambrick（1990）研究发现，高管团队任期影响企业战略变革，即随着高管团队任期的延长，企业进行战略变革的可能性

越低。这一发现拓展了之前对于高管团队在战略变革中作用的发现，即新到任的高层管理者，特别是那些从组织外部招募来的，经常会发动战略变革，为企业重新设定战略方向（Tushman & Romanelli，1985；Grimm & Smith，1991）。

总之，战略变革文献认为，高层管理者在战略变革中发挥重要作用，而董事会充其量不过是管理层的"橡皮图章"。但是，近些年来越来越多证据表明，董事会在公司战略制定中发挥着重要作用。不过，还尚未有文献探讨董事会外部联结（连锁联结）对战略变革产生的影响。鉴于此，本书主要考察连锁联结对战略变革，进而对公司绩效的影响。

3.3.1 连锁董事与战略变革

同连锁董事对战略选择的影响一样，连锁董事会也通过两种机制影响战略变革：一是连锁联结作为一种信息渠道，对战略变革产生信息影响；二是联结企业作为目标企业的理想参照物，对战略变革产生社会影响。

战略变革即随着时间变化，企业战略发生变化的程度。这是和Finkelstein & Hambrick（1990，1996）的战略保持（即随着时间变化，企业战略保持稳定的程度）相对应的概念。Finkelstein & Hambrick（1990）在研究高管团队任期与战略保持之间关系时，发现任期越长的高管团队，由于不愿承担较高风险，且已经形成一套成型的信息处理方式，则倾向于保持现有战略不变[1]。与前文分析一致，不同类型连锁董事对战略变革可能会产生不同的影响。

行业内联结。从连锁联结的信息影响来看，行业内联结给企业带来的多是同质化信息：面临着相同的市场环境，共享着相似的经验和教训，具有很多相同或相似的观点。高阶理论（Finkelstein & Hambrick，1990；1996）表明，如果具有相似背景和经验，持有相同观点的成员一起进行决策时，更可能使他们安于现状，而不去改变现有战略。另外，当持有同质信息的群体进行战略决策时，由于信息的同质化，不利

---

[1] 这一发现拓展了前人的发现，即新上任的 CEO 更倾向于进行战略变革，因为他们的任期最短，战略保持的可能性也最低。

于形成新的战略方案，这也降低了企业进行战略变革的可能性。从连锁联结的社会影响来看，与处于不同行业内的企业之间战略相似性相比，相同行业内的企业之间的战略相似程度更高。相同行业内联结由于受到联结企业战略相似性的影响，更可能促使企业保持现状。因此，本书假定：

假设3A：目标企业的行业内联结对战略变革有负向影响。

行业外联结。从信息影响来看，行业外联结使企业不再依赖于行业内决策制定者共享的决策框架。由于目标企业和联结企业分属于不同的制度环境，通过行业外联结，使目标企业董事会暴露在各种各样的信息和观点之中。由于目标企业获得的商业环境信息与行业内联结获得的信息有所区别，而这些来自于行业外的不同经验，会影响目标企业决策制定者关于战略决策制定环境、商业实践和目标设定的看法，这会使目标企业识别新的商业机会、构思新的战略选择方案，更有可能导致目标企业偏离现有战略，进行战略变革。从联结的社会影响来看，由于与相同行业内企业间战略相似性相比，分属不同行业的企业之间战略相似性极低，这可能促使企业进行变革。因此，本书假定：

假设3B：目标企业的行业外联结对战略变革有正向影响。

3.3.2　连锁董事、战略变革与公司绩效

当保持战略不变（即不进行战略变革）可以提升公司绩效时，拥有较多的行业内联结对企业是有益的，因为它可以确保企业保持和实施这一战略。目标企业拥有的行业内联结给其带来的好处是，允许目标企业董事或高管成员亲自到同行业的其他企业中去体验和搜寻公司战略的经验和教训。但缺乏这类行业内联结的企业，则会处于相对劣势地位。反之，对于进行战略变革可以提升公司绩效时，拥有较多的行业内联结则是不利的。因此，本书假定：

假设4A：行业内联结和战略变革的匹配程度越高，公司绩效水平越低。换言之，行业内联结和战略变革的交互影响对公司绩效有负向影响。

同样，当经常进行战略变革可以提升公司绩效时，拥有较多的行业

外联结是有好处的，因为它可以帮助企业获得其他领域的第一手资料和信息。正如前文所言，行业外联结让企业接触到其他行业中的不同竞争实践，这可以扩大企业战略选择集合，从而有助于企业采用新的战略，进行战略变革。因此，如果进行战略变革，企业拥有较多的行业外联结会有益于公司绩效。为此，本书假定：

假设4B：行业外联结和战略变革的匹配程度越高，公司绩效水平越高。换言之，行业外联结和战略变革的交互影响对公司绩效有正向影响。

前文假设汇总见图3-3。

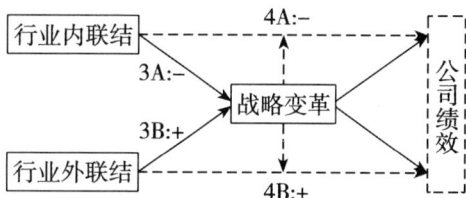

图3-3　连锁董事、战略变革与公司绩效假设汇总

注：3A、3B……，分别代表前文相应的假设，+、-符号代表预期的影响方向，实箭头线表示直接影响，虚箭头线表示间接影响。

3.4　连锁董事、多元化战略与公司绩效

现有关于多元化战略的研究主要围绕着四类问题（陈传明、孙俊华，2008）。一是多元化战略与公司绩效的关系，相关的实证研究包括多元化程度、多元化战略类型和多元化模式与公司绩效的关系等，这些研究往往也考虑资本市场、产业结构以及战略实施等调节变量（Datta et al.，1991）。二是企业资源与多元化战略的关系，这类研究的理论基础主要是资源基础理论，以及由此发展而来的能力基础理论。在实证研究中，企业资源一般被分为有形资源、无形资源与财务资源，不同资源的过剩情况会导致企业选择不同的多元化战略（Chatterjee & Wernerfelt，1991；Kochhar & Hitt，1998）。三是客观动因与多元化战略的关系，这类研究的理论基础是交易成本理论和资产组合理论。客观动

因分为外部动因和内部动因。外部动因包括政府政策和市场失灵,内部动因包括未来现金收入的不确定性和降低总经营风险。资产组合理论认为,企业多元化投资可以平衡风险和稳定收益(Lubatkin & Chatterjee,1994)。四是管理者与多元化战略的关系,这类研究的理论基础主要是代理理论和高阶理论。基于代理理论的研究认为,管理者进行多元化也许并不是从资源和客观动因出发,而是考虑降低自身就业风险和提高自身报酬(Hoskisson & Hitt,1990),相关的实证研究结论存在着较大的分歧(Amihud & Lev,1981;Lane et al. ,1998)。基于高阶理论的研究从有限理性假设出发,主要考察影响管理者认知基础和价值观的人口背景特征与企业多元化战略的关系(Hambrick & Mason,1984;Wiersema & Bantel,1992)。董事会作为公司重要的管理机构之一,在企业战略决策制定和执行职能上发挥着至关重要的作用,而董事会的社会网络则对其认知和管理能力发挥着影响作用,进而影响着公司的战略选择和制定(杨跃,2011)。有鉴于此,本部分研究连锁董事对多元化战略进而对公司绩效的影响。

3.4.1 连锁董事与多元化战略

如前文所述,连锁董事影响多元化战略的理论依据主要有两个:一是连锁联结作为一种信息渠道,对多元化战略产生信息影响;二是联结企业作为目标企业的理想参照物,对公司多元化战略产生社会影响。

资源依赖理论(resource based view)认为,"企业不仅仅是一个管理单位,而且是在一个管理框架组织下的生产性资源集合体"(Penrose,1959),企业成长(如多元化)都应该寻求现有资源的利用与新资源开发之间的平衡(Wernerfelt,1984)。企业多元化并不是为了获得规模经济和协同,更多地是考虑获取能使其最大化利用资源的能力(陈传明、孙俊华,2008)。通过社会网络(如连锁董事网络)获取的资源作为一种"新资源"的开发,必然会影响到企业多元化战略选择。

行业内联结。公司实施多元化战略,首先需要尽量多地掌握其他行业信息,以便寻求多元化战略的机会;同时,也需要有能力评价和控制多元化的风险。如公司拥有较多的行业内连锁董事联结,这一方面不利

于公司获取其他行业信息，降低了公司获取多元化战略的机会。如
March & Simon（1958）提出，任职（行业）经验过于单一的战略决策
者，其工作经验的积累可能会有助于很好地完成例行性任务，却有战略
视角狭隘的缺陷，因为他们只能对外部环境进行有限的搜寻。另一方
面，公司拥有过多的行业内联结，也会令公司无力评判多元化战略方案
的优劣。因为，如果董事会联结多是行业内的，评价多元化战略的视野
就会比较狭隘（Kosnik，1990），评价标准过于单一，难以更加客观和
公正地做出评价。鉴于以上两点，本书假定：

假设5A：目标企业的行业内联结对多元化战略有负向影响。

行业外联结。拥有较多行业外联结的公司，在对企业知识和技术等
异质性资源进行交换、整合、创新和扩展方面具有明显优势，利用这些
资源进行扩张的可能性更大，企业多元化程度可能更高。目标公司董
事，通过兼职于其他行业联结企业的董事，可以亲身体验到联结企业及
其所在行业的成功"诀窍"，这有助于公司进入联结企业所在行业。另
外，在公司采用和实施多元化战略时，拥有其他行业的从业经验，有助
于董事会更加科学地评判战略方案。鉴于此，本书假定：

假设5B：目标企业的行业外联结对多元化战略有正向影响。

3.4.2　连锁董事、多元化战略与公司绩效

如前所言，董事会成员通过连锁董事网络能够从其他企业决策中进
行战略学习，获取新的知识和能力，提高战略决策的经济效益（杨跃，
2011），因此，连锁董事的绩效影响取决于其与公司战略的结合程度。
当公司采用专业化战略可以提升公司绩效时，拥有较多的行业内联结对
企业是有益的。因为，行业内连锁联结能够让公司董事或高管亲自到本
行业的其他企业中去体验和搜寻本行业的战略经验，包括制定和实施专
业化战略过程中遇到的困难与障碍，这有助于公司更加全面地评价专业
化战略的可能危险，以及做出相对较为完备的风险防范机制。与之相
反，对于实施多元化战略可以提升公司绩效的公司，拥有较多的行业内
联结对企业是没有好处的，因此，本书假定：

假设6A：行业内联结和多元化战略的匹配程度越高，公司绩效水

平越低。换言之，行业内联结和多元化战略的交互影响对公司绩效有负向影响。

与行业内联结相反，当多元化战略可以提升公司绩效时，拥有较多的行业外联结对企业是有好处的。因为行业外联结不仅可以帮助企业获得其他领域的第一手资料和信息，还可以让企业接触到其他行业中的不同竞争实践，更好地学习其他行业成功的战略经验，迅速把握市场机会，降低运营风险，从而更为有效地进行多元化战略，提升公司绩效。因此，如果实行多元化战略的企业拥有较多的行业外联结会有益于提升公司绩效。为此，本书假定：

假设6B：行业外联结和多元化战略的匹配程度越高，公司绩效水平越高。换言之，行业外联结和多元化战略的交互影响对公司绩效有正向影响。

前文假设汇总见图3-4。

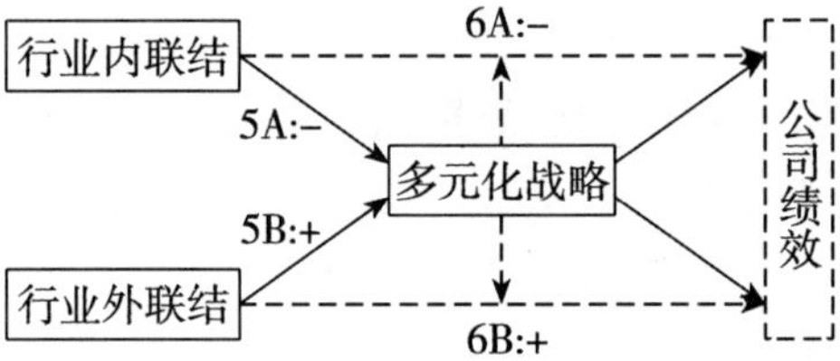

图3-4 连锁董事、多元化战略与公司绩效假设汇总

注：5A、5B……，分别代表前文相应的假设，+、-符号代表预期的影响方向，实箭头线表示直接影响，虚箭头线表示间接影响。

第4章 研究设计

4.1 样本确定和数据来源

为了证明前文假设，本书选择 2000 年至 2010 年间深沪两市 A 股上市公司作为研究样本，考虑到金融行业的特殊性，最终样本剔除了金融行业上市公司，共计 15 399 个观测值。具体情况详见表 4–1。

本书数据主要来源于万得数据库、《上市公司财务数据报告全文汇编》（以下简称"汇编"）（1999—2009）[①]、国泰安研究服务中心（以下简称"国泰安"）[②] 和新浪网的财经纵横（以下简称"新浪网"）[③]。具体而言，战略偏离、战略变革和多元化、企业年龄、上市年龄、企业规模和行业数据是从万得数据库获得的。行业内联结和行业外联结数据取得过程如下：从《汇编》中获得所有上市公司 A 股名单及上市公司董事会、监事会和高管人员成员名单，对于遗漏的数据，从国泰安和新

---

① 这是由"深证证券信息公司"提供，其地址是：深证市福田区上步工业区 203 栋（邮编 518028），联系人：尚书敏、梁红清。
② 国泰安研究服务中心网站为高校及机构研究者提供数据下载、学术资料、行业信息等资源。
③ 其网址为：http://biz.finance.sina.com.cn/suggest/lookup_n.php。

表4-1 研究样本的年份及行业分布情况

行业代码	2000	2001	2002	2003	2004	2005	2006	2007	2008	2009	2010	合计
A	23	24	26	29	32	32	34	34	35	36	41	346
B	11	14	16	19	22	22	24	34	38	41	45	286
C0	50	53	56	58	60	59	62	65	63	70	77	673
C1	46	50	51	52	57	62	65	67	67	69	75	661
C2	2	2	2	2	3	4	4	4	6	7	9	45
C3	21	23	22	24	27	27	32	30	31	34	37	308
C4	120	130	132	141	149	147	155	164	174	175	209	1 696
C5	34	37	40	42	46	48	54	70	72	73	96	612
C6	94	99	113	113	118	117	127	138	141	147	166	1 373
C7	161	172	182	191	207	212	220	237	246	271	327	2 426
C8	59	72	78	83	98	94	98	99	101	104	112	998
C9	9	10	11	11	12	13	15	16	15	18	19	149
D	41	42	47	51	59	59	61	61	63	65	68	617
E	13	15	17	25	28	27	31	35	36	40	41	308
F	37	43	46	53	57	57	62	67	67	69	71	629
G	60	63	73	80	84	84	93	99	101	112	133	982
H	82	81	78	79	81	89	90	91	93	94	108	966
J	34	38	41	53	55	60	62	72	84	95	104	698
K	33	35	35	36	37	38	42	46	49	51	56	458
L	7	8	9	10	11	9	9	12	14	14	14	117
M	119	123	121	107	104	83	80	81	80	79	74	1 051
合计	1 056	1 134	1 196	1 259	1 347	1 343	1 420	1 522	1 576	1 664	1 882	15 399

浪网进行补遗，另外，由于新浪网为我们提供更详细的董事个人信息，这有助于我们进一步识别连锁董事名单中同名的成员是否为"真正"的连锁董事。董事会相关数据从国泰安数据库获得。

4.2　变量定义及说明

公司战略。本书将公司战略从三个维度进行操作，即战略选择、战略变革和多元化战略。其中，战略选择代表着公司战略的静态属性，战略变革代表着公司战略的动态属性，而多元化战略则代表着公司战略的结果属性。

战略选择用战略偏离（strategic defection）代表，指企业选择的战略偏离行业普遍采用的战略的程度。本书使用 Finkelstein & Hambrick（1990）提出并证明有效的战略遵循测量方法，该方法类似于检查行业层面的战略同质性（Dooley，Fowler & Miller，1996）。这一测量与 Mintzberg（1978）的战略观点相一致，即企业战略是一种在一系列行为中可以观察到的模式，对于单个企业而言，这些行为尤其反映在企业在各个职能部门——包括营销、生产、研发和财务——活动中的资源配置。正是通过组织在这些部门活动的资源配置，才体现了各家企业不同的竞争性方法（Porter，1980）。

理论上讲，Finkelstein & Hambrick（1990）提出 6 个战略资源配置的指标：广告强度（广告支出/销售收入）、工厂和设备新颖性（净固定资产/总固定资产）、研究开发强度（研发支出/销售收入）、存货水平（存货/销售收入）、期间费用效率（期间费用/销售收入）、财务杠杆（负债/资产）。其中，前三个指标代表企业占有市场、创新和扩张能力，是最基本的资源配置；存货水平代表企业生产循环周期和工厂资本管理水平，期间费用效率代表企业的支出结构，财务杠杆则体现了企业财务管理的方法。

但在实践测量中，由于涉及商业秘密，美国企业大多不愿公布或者错误地公布研发和广告支出数据，因此导致研发和广告支出数据的缺失，不得已情况下学者们只能采用其他四种测量方法加以替代（Finkelstein & Hambrick，1990），并且他们同时采用"6 指标"（包括研发和广告支出）和"4 指标"（不包括研发和广告支出）的研究也表明，两种测量方法没有差异。在我们国家，研发和广告支出数据同样难以获得。在旧会计准则（2007年1月1日之前）下，会计上的一般处理方法是，将研发支出记入管理费用，将广告支出记入销售费用，因此没有广告和研发的单列科目。因此，本书使用"4指标"测量方法。

遵照 Finkelstein & Hambrick（1990）对该变量的处理方法：（1）对于年度 t，将每个战略维度按照行业进行标准化处理，使得处理后的样本均值为0，方差为1；（2）对于每个战略维度，计算每家企业与其所在行业平均得分的绝对差值；（3）将这些维度加总到一起，即得到每家企业 t 年度战略偏离的测量指标。战略偏离的描述性统计结果详见表4-2。

表4-2　　　　　　　　战略偏离的描述性统计结果

年份	2000	2001	2002	2003	2004	2005	2006	2007	2008	2009	2010	合计
均值	2.469	2.320	2.283	1.948	2.005	1.981	1.941	1.947	2.038	1.886	1.778	2.027
中位数	2.052	1.949	1.799	1.433	1.523	1.426	1.402	1.427	1.547	1.414	1.283	1.537
最大值	26.557	22.122	15.887	29.434	24.194	29.760	31.672	30.063	22.853	42.031	29.635	42.030
最小值	0.163	0.318	0.223	0.149	0.158	0.133	0.182	0.210	0.214	0.134	0.128	0.128
标准差	1.985	1.837	1.817	2.097	1.929	2.134	2.092	1.991	1.848	2.072	2.019	1.999

战略变革（strategic change），指企业战略随时间变化而变化的程度，与之相对的战略保持（strategic persistence），即企业战略随时间变化而保持不变的程度。参照 Geletkanycz & Hambrick（1997）对战略保持变量的测量方法，本书战略变革变量的处理方法如下：（1）对于年度 t，计算样本企业每个战略维度4个年度（从 t-1 到 t+2）的方差，即 $\sum (t_i - T)^2/n - 1$；（2）将每个战略维度按照行业进行标准化处理，使得处理后的样本均值为0，方差为1，这即代表企业在这一维度的战略变异程度；（3）将这些维度经过绝对值处理后加总到一起，即得到每家样本企业 t 年度战略变革的测量指标。战略变革的描述性统计结果详见表4-3。

表4-3				战略变革的描述性统计结果					
年份	2001	2002	2003	2004	2005	2006	2007	2008	合计
均值	1.446	1.363	1.390	1.310	1.301	1.307	1.290	1.268	1.329
中位数	0.738	0.705	0.736	0.657	0.633	0.720	0.673	0.702	0.707
最大值	31.626	24.814	28.156	24.235	28.054	27.218	25.570	18.939	31.626
最小值	0.215	0.298	0.206	0.231	0.219	0.228	0.219	0.245	0.206
标准差	2.367	2.270	2.287	2.331	2.306	2.311	2.187	2.004	2.251

多元化战略（diversification strategy）。现有文献关于多元化的测量指标主要有行业数目指标、赫芬达尔指数（Herfindahl Index，也称 H 指数）、熵指数（Entropy Index）。

行业数目指标（diversification_number），是指公司经营涉及的业务或行业的数量，数值越大，表示产业或行业多元化程度越高。国外一般是根据美国证监会公布的标准行业分类编码 SIC 和企业业务线，对上市公司所经营的业务进行划分和归类。当按照一定层次的 SIC 代码对企业的经营单元数划分完之后，企业包括哪几个行业的经营单元，就认为涉及几个行业，记为行业数 N。本书行业数据指标的判定依据是万得数据库自行设定的行业二级分类代码。在选择标准上，学者们有不同看法，有的采用收入占主营业务收入 10% 以上的行业数目，有的采用 5% 或 1% 的标准（陈咏英，2008；巫景飞、何大军、林日韦、王云，2008）。出于结论稳健性的考虑，本书同时选择 1%、5% 和 10% 标准计算行业数目，分别用 diversification_number_1、diversification_number_5、diversification_number_10 代表。行业数目指标的描述性统计详见表4-4、表4-5、表4-6。

表4-4					行业数目指标（1%标准）的描述性统计结果						
年份	2000	2001	2002	2003	2004	2005	2006	2007	2008	2009	2010	合计
均值	2.409	2.620	2.692	2.456	2.882	2.476	2.383	2.312	2.254	2.154	2.121	2.383
中位数	2.000	2.000	2.000	2.000	3.000	2.000	2.000	2.000	2.000	2.000	2.000	2.000
最大值	11.000	8.000	8.000	10.000	10.000	11.000	10.000	10.000	11.000	8.000	11.000	11.000
最小值	1.000	1.000	1.000	1.000	1.000	1.000	1.000	1.000	1.000	1.000	1.000	1.000
标准差	1.381	1.349	1.449	1.457	1.580	1.462	1.431	1.426	1.413	1.314	1.352	1.435

表4-5　　　　行业数目指标（5%标准）的描述性统计结果

年份	2000	2001	2002	2003	2004	2005	2006	2007	2008	2009	2010	合计
均值	2.020	2.157	2.169	2.032	2.253	2.025	1.953	1.896	1.856	1.810	1.738	1.951
中位数	2.000	2.000	2.000	2.000	2.000	2.000	2.000	2.000	2.000	2.000	1.000	2.000
最大值	9.000	7.000	6.000	8.000	8.000	8.000	8.000	6.000	8.000	7.000	6.000	9.000
最小值	1.000	1.000	1.000	1.000	1.000	1.000	1.000	1.000	1.000	1.000	1.000	1.000
标准差	1.082	1.098	1.139	1.120	1.183	1.120	1.093	1.062	1.061	1.016	1.981	1.088

表4-6　　　　行业数目指标（10%标准）的描述性统计结果

年份	2000	2001	2002	2003	2004	2005	2006	2007	2008	2009	2010	合计
均值	1.721	1.815	1.856	1.731	1.902	1.728	1.681	1.635	1.608	1.569	1.520	1.676
中位数	2.000	2.000	2.000	2.000	2.000	2.000	1.000	1.000	1.000	1.000	1.000	1.000
最大值	6.000	4.000	5.000	5.000	7.000	6.000	6.000	5.000	6.000	7.000	6.000	7.000
最小值	1.000	1.000	1.000	1.000	1.000	1.000	1.000	1.000	1.000	1.000	1.000	1.000
标准差	0.833	0.845	0.897	0.848	0.937	0.883	0.854	0.849	0.819	0.771	0.774	0.847

赫芬达尔指数（Herfindahl Index）。Berry（1971）和 Mevey（1972）提出用赫芬达尔指数来衡量多元化程度。赫芬达尔指数越小，多元化程度越高。计算公式如下：

$$HI = \sum_{i=1}^{n} (S_i)^2$$

式中：S_i 为企业的第 i 个业务单位销售额占全部销售额的比例；n 为企业涉足的不同业务单元总数或行业总数。该指数的效用在于对业务比例取平方后，会出现马太效应，也就是比例大的平方与比例小的平方之间的差距拉大，从而突出业务之间的差距。赫芬达尔指数能综合反映企业同业务的分化程度：给定为部门数目 n，赫芬达尔指数越小意味着企业部门分化程度和多元化程度越高；赫芬达尔指数为 1 时，企业为单业务企业；部门业务均匀分布的企业，其赫芬达尔指数为 1/n。赫芬达尔指数的描述性统计详见表4-7。

表4-7 　　　　　　　　　赫芬达尔指数的描述性统计结果

年份	2000	2001	2002	2003	2004	2005	2006	2007	2008	2009	2010	合计
均值	0.745	0.689	0.711	0.740	0.782	0.772	0.789	0.759	0.757	0.754	0.788	0.761
中位数	0.722	0.664	0.714	0.762	0.818	0.824	0.848	0.828	0.830	0.828	0.870	0.811
最大值	28.593	4.734	2.134	3.316	3.543	4.378	5.917	6.103	3.311	3.677	16.165	28.593
最小值	1.60e-07	8.20e-07	0.003	4.23e-05	0.002	1.00e-08	0.138	0.001	9.00e-08	7.29e-06	2.81e-05	1.00e-08
标准差	1.292	0.364	0.276	0.292	0.308	0.304	0.319	0.317	0.267	0.271	0.449	0.416

熵指数（Entropy Index）。Jaequemin & Berry（1979）提出用熵指数来度量多元化。它反映企业多元化经营的三种基本特征：（1）企业包含的不同行业的业务单位数量；（2）企业总销售额在行业间的分布；（3）不同行业间的相关程度。正是第三个特征区分了熵指数和赫芬达尔指数的不同。熵指数的计算公式如下：

$$E(s) = \sum_{i=1}^{n} S_i L_n \left(\frac{1}{S_i}\right)$$

式中：S_i 为公司在第 i 行业或产业部门的销售收入占总销售收入的比例；L_n 为行业的权重值。根据上述公式，当公司只涉及一个领域时，熵指数为零，当公司的销售收入平均地分布于 n 个领域时，熵指数最大。这个多元化指数综合考虑到了公司拥有的产业部门数量和每个部门在总销售额中所占的比重。熵指数的描述性统计详见表4-8。

表4-8 　　　　　　　　　熵指数的描述性统计结果

年份	2000	2001	2002	2003	2004	2005	2006	2007	2008	2009	2010	合计
均值	0.496	0.537	0.541	0.472	0.542	0.456	0.426	0.421	0.406	0.386	0.352	0.440
中位数	0.465	0.521	0.521	0.434	0.470	0.391	0.336	0.296	0.251	0.239	1.387	0.350
最大值	2.258	1.835	1.733	2.031	2.017	2.124	2.123	1.896	1.912	2.356	2.046	2.356
最小值	0.000	-0.786	-0.173	-0.628	0.000	-0.574	-0.906	-1.323	-0.355	-0.053	-0.174	-1.323
标准差	0.426	0.429	0.442	0.442	0.465	0.442	0.438	0.433	0.422	0.412	0.404	0.435

行业内与行业外联结。根据目标企业与联结企业（即与目标企业通过连锁董事关系联结的企业）是否在同一行业，本书将目标企业拥有的连锁董事联结分为行业内联结和行业外联结。行业划分是根据中国证监会（2001年版）《上市公司行业分类指引》制定的标准。由于制

造业的数量和差异较大，本书按照二级代码分类，其余按一级代码分类，共分为22个行业子类。具体为：A，农、林、牧、渔业；B，采掘业；C，制造业：C0，食品、饮料；C1，纺织、服装、皮毛；C2，木材、家具；C3 造纸、印刷；C4，石油、化学、塑胶、塑料；C5，电子；C6，金属、非金属；C7，机械、设备、仪表；C8，医药、生物制品；C9，其他制造业；D，电力、煤气及水的生产和供应业；E，建筑业；F，交通运输、仓储业；G，信息技术业；H，批发和零售贸易；I，金融、保险业；J，房地产业；K，社会服务业；L，传播与文化产业；M，综合类。

行业内联结（intra-industry ties，"IIT"），即与目标企业属于相同行业的联结企业数量。行业外联结（inter-industry ties，"OIT"），即与目标企业不属于相同行业的联结企业数量。样本公司全部联结、行业内联结和行业外联结的描述性统计情况见表4-9。

表4-9　全部联结、行业内联结和行业外联结的描述性统计结果

年份	均值			最大值			最小值		
	联结总数	行业内联结	行业外联结	联结总数	行业内联结	行业外联结	联结总数	行业内联结	行业外联结
2000	0.788	0.171	0.617	9	3	9	0	0	0
2001	0.929	0.206	0.723	10	3	9	0	0	0
2002	1.007	0.219	0.788	14	5	13	0	0	0
2003	2.083	0.362	1.720	13	5	13	0	0	0
2004	2.654	0.480	2.173	18	5	16	0	0	0
2005	3.094	0.579	2.515	17	5	15	0	0	0
2006	2.830	0.507	2.323	19	6	17	0	0	0
2007	2.630	0.464	2.165	19	6	13	0	0	0
2008	2.976	0.480	2.496	17	6	15	0	0	0
2009	3.221	0.541	2.679	15	7	14	0	0	0
2010	3.273	0.539	2.733	23	8	19	0	0	0
总计	2.446	0.432	2.014	23	8	19	0	0	0

公司绩效。本书使用资产回报率（ROA）、权益回报率（ROE）测量绩效，不过经过如下处理：（1）由于外在因素可能对某一年度绩效产生较大影响（Meyer & Gupta，1994），为了克服这一影响，本书取两年的平均值，即用 t 年和 t+1 年的绩效平均值代表 t 年度绩效；（2）由于对不同行业而言，其绩效可能存在着系统差异，本书遵循国外学者（Hambrick & Mason，1984；Finkelstein & Hambrick，1990）的普遍做法，将绩效按照行业进行标准化处理。鉴于 ROA 和 ROE 均有两种测量方法，ROA_1＝净利润/总资产余额，ROA_2＝净利润/（资产合计期末余额+资产合计期初余额）×2；ROE_1＝净利润/股东权益余额，ROE_2＝净利润/（股东权益期末余额+股东权益期初余额）×2。出于结论稳健性考虑，本书同时使用这四种测量指标。ROA_1、ROA_2、ROE_1、ROE_2 的描述性统计结果详见表4-10、表4-11、表4-12、表4-13。

表4-10　　　　　　　ROA_1 的描述性统计结果

年份	2000	2001	2002	2003	2004	2005	2006	2007	2008	2009	2010	合计
均值	0.014	0.020	0.016	0.009	0.005	0.001	0.015	0.007	0.003	-0.009	NA	0.007
中位数	0.177	0.193	0.191	0.164	0.193	0.185	0.001	-0.020	0.012	0.007	NA	0.114
最大值	2.768	2.846	4.035	2.605	2.472	3.496	9.830	12.225	11.930	10.320	NA	12.225
最小值	-10.606	-8.937	-10.062	-12.325	-12.812	-11.283	-6.372	-8.815	-8.933	-11.163	NA	-12.812
标准差	0.979	0.949	0.942	0.957	0.976	0.994	0.975	0.960	0.969	1.008	NA	0.972

表4-11　　　　　　　ROA_2 的描述性统计结果

年份	2000	2001	2002	2003	2004	2005	2006	2007	2008	2009	2010	合计
均值	0.018	0.023	0.017	0.007	-0.001	0.002	0.016	0.015	0.011	-0.015	NA	0.008
中位数	0.203	0.211	0.203	0.168	0.190	0.166	-0.023	-0.035	0.076	-0.011	NA	0.101
最大值	3.768	2.992	4.491	3.008	3.078	5.277	8.617	10.094	11.176	8.065	NA	11.176
最小值	-9.195	-7.224	-7.348	-8.531	-8.811	-8.492	-6.716	-5.145	-10.136	-11.243	NA	-11.243
标准差	0.984	0.945	0.951	0.966	0.999	0.987	0.972	0.981	0.988	1.000	NA	0.979

表 4-12 ROE_1 的描述性统计结果

年份	2000	2001	2002	2003	2004	2005	2006	2007	2008	2009	2010	合计
均值	0.002	-0.005	-0.001	0.006	0.009	0.002	-0.001	0.002	-0.005	-0.007	NA	0.000
中位数	0.185	0.168	0.125	0.135	0.194	0.146	-0.039	-0.040	0.077	0.042	NA	0.106
最大值	6.070	6.312	6.968	4.361	1.909	10.892	15.263	15.550	12.272	8.595	NA	15.550
最小值	-10.863	-12.915	-13.880	-14.491	-10.578	-11.743	-8.356	-9.757	-12.619	-13.929	NA	-14.491
标准差	0.999	1.021	1.010	0.996	0.972	0.996	1.009	1.008	1.014	1.006	NA	1.003

表 4-13 ROE_2 的描述性统计结果

年份	2000	2001	2002	2003	2004	2005	2006	2007	2008	2009	2010	合计
均值	0.000	0.002	0.009	-0.007	-0.001	0.003	-0.001	0.007	0.003	-0.007	NA	0.001
中位数	0.186	0.157	0.147	0.103	0.167	0.155	0.101	0.057	0.104	0.047	NA	0.117
最大值	6.968	4.621	4.995	2.558	2.539	6.107	7.289	9.006	9.008	14.870	NA	14.870
最小值	-11.765	-9.780	-9.981	-12.081	-12.328	-10.878	-14.894	-9.341	-8.959	-13.178	NA	-14.894
标准差	1.004	0.979	0.962	1.011	0.989	0.985	1.001	0.958	0.998	1.007	NA	0.989

董事会特征变量。在研究董事会关系属性变量（连锁董事）对公司战略及绩效的影响时，应该将董事会的自然属性变量作为回归模型的控制变量系统，因此，本书将董事长和总经理两职兼任情况、独立董事比例、董事会规模、是否设置战略委员会作为董事会自然属性的控制变量。

两职情况（DUAL）。指董事长和总经理两职兼任情况。正如 Boyd（1995）所言，高管团队和董事会是战略管理领域两大最受广泛研究的领域，而董事长和总经理兼任则横跨了这两大研究领域。董事长和总经理的两职兼任，会使得董事会的独立性降低，公司高管更有条件按照自身利益做出决策，倾向于实施规避风险的公司战略，如遵循行业普遍采用的战略、多元化战略和保持现有战略不变等。如果董事长兼任总经理，则计为 1，否则为 0。DUAL 的描述性统计结果详见表 4-14。

表 4-14　　　　　　　　　　DUAL 的描述性统计结果

年份	2000	2001	2002	2003	2004	2005	2006	2007	2008	2009	2010	合计
均值	0.162	0.124	0.108	0.115	0.121	0.119	0.134	0.159	0.163	0.175	0.198	0.147
中位数	0.000	0.000	0.000	0.000	0.000	0.000	0.000	0.000	0.000	0.000	0.000	0.000
最大值	1.000	1.000	1.000	1.000	1.000	1.000	1.000	1.000	1.000	1.000	1.000	1.000
最小值	0.000	0.000	0.000	0.000	0.000	0.000	0.000	0.000	0.000	0.000	0.000	0.000
标准差	0.369	0.329	0.310	0.319	0.326	0.324	0.341	0.365	0.369	0.380	0.399	0.354

独立董事比例（RATIO_INDEPENDENT）。指独立董事数量占董事会总人数的比例。独立董事比例也是战略管理领域经常考察的董事会变量（谢绚丽、赵胜利，2011）。黄海波、李树拙（2007），蒋卫平等（2010），谢绚丽、赵胜利（2011）在基于中国上市公司的战略研究中，均把独立董事比例变量作为控制变量，尽管实证结果统计上都不显著。RATIO_INDEPENDENT 的描述性统计结果详见表 4-15。

表 4-15　　　　RATIO_INDEPENDENT 的描述性统计结果

年份	2000	2001	2002	2003	2004	2005	2006	2007	2008	2009	2010	合计
均值	1.604	6.205	24.073	32.749	34.179	34.803	35.260	35.930	36.236	36.524	36.721	30.050
中位数	0.000	0.000	22.222	33.333	33.333	33.333	33.333	33.333	33.333	33.333	33.333	33.333
最大值	72.727	55.556	66.667	75.000	66.667	60.000	60.000	66.667	66.667	71.429	80.000	80.000
最小值	0.000	0.000	0.000	0.000	0.000	8.333	11.111	11.111	14.286	9.091	12.500	0.000
标准差	6.159	10.682	7.950	6.247	5.348	4.633	4.667	4.849	5.268	5.341	5.420	12.725

董事会规模（SCALE_BOARD）。指董事会的人员数量。SCALE_BORD 的描述性统计结果详见表 4-16。

表 4-16　　　　　　　SCALE_BOARD 的描述性统计结果

年份	2000	2001	2002	2003	2004	2005	2006	2007	2008	2009	2010	合计
均值	9.381	9.294	9.747	9.786	9.634	9.488	9.305	9.074	8.897	8.991	8.944	9.285
中位数	9.000	9.000	9.000	9.000	9.000	9.000	9.000	9.000	9.000	9.000	9.000	9.000
最大值	19.000	19.000	19.000	18.000	19.000	19.000	19.000	18.000	18.000	18.000	18.000	19.000
最小值	0.000	0.000	0.000	0.000	0.000	0.000	0.000	0.000	0.000	0.000	0.000	0.000
标准差	2.618	2.595	2.475	2.250	2.280	2.129	2.151	2.403	2.443	2.053	2.038	2.317

战略委员会（STRATEGY_COMMITTEE）。指公司是否设置战略委

员会，如果设置则计为1，否则为0。STRATEGY_COMMITTEE 的描述性统计结果详见表4-17。

表4-17　　　　STRATEGY_COMMITTEE 的描述性统计结果

年份	2000	2001	2002	2003	2004	2005	2006	2007	2008	2009	2010	合计
均值	0.000	0.002	0.306	0.466	0.553	0.789	0.856	0.949	0.995	0.995	0.997	0.672
中位数	0.000	0.000	0.000	0.000	1.000	1.000	1.000	1.000	1.000	1.000	1.000	1.000
最大值	0.000	1.000	1.000	1.000	1.000	1.000	1.000	1.000	1.000	1.000	1.000	1.000
最小值	0.000	0.000	0.000	0.000	0.000	0.000	0.000	0.000	0.000	0.000	0.000	0.000
标准差	0.000	0.042	0.461	0.499	0.497	0.408	0.351	0.220	0.073	0.070	0.052	0.469

除了董事会层面的变量外，企业层面的一些变量也会影响公司战略和绩效。为此，本书在设置公司战略和绩效回归模型时，将企业年龄、企业规模、资产负债率、企业成长性作为控制变量。

企业年龄。组织理论表明（Hannan & Freeman，1977），企业经营的年限越长，其越可能形成自己固有的惯例和文化，这降低了企业采取偏离行业普遍战略的可能性，因此企业年龄越大，战略偏离的可能性越低。关于企业年龄对战略变革的影响，Kelly & Amburgey（1991）发现企业年龄越大，其变革所需的时间越长。此外，企业年龄还增加了企业变革力度，使变革的可能性提高（Singh 等，1986）。本书用企业成立时间和企业上市时间到测量时点的时期长度代表企业年龄变量，分别用YEAR_ESTABLISH 和 YEAR_LISTED 代表。YEAR_ESTABLISH 和 YEAR_LISTED 的描述性统计结果详见表4-18、表4-19。

表4-18　　　　YEAR_ESTABLISH 的描述性统计结果

年份	2000	2001	2002	2003	2004	2005	2006	2007	2008	2009	2010	合计
均值	7.025	7.779	8.556	9.308	9.968	10.886	11.582	12.072	12.810	13.404	13.621	10.987
中位数	8.000	9.000	10.000	10.000	11.000	12.000	11.000	12.000	12.000	13.000	13.000	11.000
最大值	19.000	20.000	21.000	22.000	23.000	24.000	25.000	26.000	27.000	28.000	29.000	29.000
最小值	1.000	2.000	2.000	2.000	3.000	1.000	2.000	1.000	2.000	2.000	2.000	1.000
标准差	3.274	3.345	3.405	3.497	3.626	3.649	3.807	4.168	4.388	4.615	5.100	4.566

表4-19 　　　　　　　　　YEAR_LISTED 的描述性统计结果

年份	2000	2001	2002	2003	2004	2005	2006	2007	2008	2009	2010	合计
均值	4.639	5.308	5.981	6.650	7.144	8.051	8.559	8.881	9.567	9.963	9.804	7.966
中位数	4.000	5.000	6.000	7.000	8.000	9.000	9.000	10.000	10.000	11.000	11.000	8.000
最大值	11.000	12.000	13.000	14.000	15.000	16.000	17.000	18.000	19.000	20.000	21.000	21.000
最小值	1.000	0.000	0.000	0.000	0.000	0.000	0.000	0.000	1.000	0.000	1.000	0.000
标准差	2.401	2.598	2.815	3.058	3.415	3.479	3.911	4.424	4.640	5.072	5.741	4.439

企业规模。Hannan & Freeman（1984）表明，组织规模越大，形成的组织惰性水平越高，越不倾向于采取偏离行业普遍采用的战略。关于企业规模与战略变革之间关系的研究，学者们并未得出一致性的结果。Birnbaum（1984）、Zajac & Kraatz（1993）发现，企业规模对战略变革有正向影响，而 Fombrun & Ginsberg（1990）发现企业规模减少了企业进行战略变革可能性，Ginsberg & Buchholtz（1990）则发现企业规模增加了企业变革所需的时间。出于结论稳健性的考虑，本书使用资产总额（asset）、销售收入（sale）、员工人数（worker）三个指标测量企业规模。为了降低异方差的影响，本书对三个指标进行对数化处理。处理之后的指标分别用 LN_ASSET、LN_SALE、LN_WORKER 代表。三个变量的描述性统计结果详见表4-20、表4-21、表4-22。

表4-20 　　　　　　　　　LN_ASSET 的描述性统计结果

年份	2000	2001	2002	2003	2004	2005	2006	2007	2008	2009	2010	合计
均值	20.893	20.968	21.030	21.128	21.174	21.223	21.261	21.393	21.454	21.566	21.692	21.293
中位数	20.829	20.894	20.964	21.084	21.104	21.142	21.196	21.310	21.359	21.447	21.560	21.170
最大值	24.386	26.610	26.632	26.690	26.855	26.978	27.111	27.625	27.809	28.003	28.136	28.136
最小值	18.556	17.389	17.553	16.884	17.061	17.122	12.314	14.158	10.842	11.348	13.076	10.842
标准差	0.825	0.886	0.922	0.963	1.014	1.055	1.170	1.284	1.350	1.398	1.392	1.190

表4-21 　　　　　　　　　LN_SALE 的描述性统计结果

年份	2000	2001	2002	2003	2004	2005	2006	2007	2008	2009	2010	合计
均值	19.944	20.030	20.135	20.292	20.473	20.533	20.643	20.813	20.900	20.926	21.109	20.588
中位数	19.914	20.045	20.142	20.316	20.483	20.550	20.661	20.802	20.871	20.897	21.041	20.568
最大值	24.155	26.441	26.505	26.757	27.104	27.407	27.675	27.817	28.004	27.927	28.280	28.280
最小值	11.667	13.258	12.789	13.355	11.123	7.125	10.611	11.456	9.310	12.801	11.053	7.125
标准差	1.246	1.271	1.356	1.403	1.410	1.523	1.561	1.638	1.636	1.629	1.647	1.556

表4-22   LN_WORKER 的描述性统计结果

年份	2000	2001	2002	2003	2004	2005	2006	2007	2008	2009	2010	合计
均值	7.333	7.280	7.270	7.264	7.250	7.277	7.298	7.331	7.356	7.382	7.421	7.321
中位数	7.456	7.390	7.361	7.390	7.386	7.416	7.432	7.418	7.419	7.441	7.486	7.418
最大值	10.702	13.003	12.945	12.901	12.872	12.806	12.739	13.053	13.077	13.198	13.223	13.223
最小值	2.708	2.303	2.303	2.708	1.792	1.946	0.000	1.386	1.386	1.386	1.099	0.000
标准差	1.154	1.244	1.288	1.320	1.342	1.364	1.415	1.477	1.504	1.528	1.532	1.404

资产负债率（DEBT）。指负债占总资产的比例，即资产负债率=负债总额/资产总额。DEBT 的描述性统计结果详见表4-23。

表4-23   DEBT 的描述性统计结果

年份	2000	2001	2002	2003	2004	2005	2006	2007	2008	2009	2010	合计
均值	0.447	0.498	0.506	0.539	0.570	0.622	1.257	0.753	0.745	0.712	0.554	0.666
中位数	0.419	0.435	0.451	0.484	0.505	0.532	0.542	0.516	0.512	0.511	0.480	0.493
最大值	2.894	13.583	10.375	23.799	19.867	43.075	877.256	124.022	142.718	138.378	29.698	877.256
最小值	0.009	0.012	0.013	0.011	0.008	0.013	0.021	0.000	0.018	0.002	0.011	0.000
标准差	0.251	0.649	0.532	0.819	0.857	1.342	23.316	4.159	4.439	3.880	1.050	7.481

企业成长性（GROWTH）。用营业收入增长率代表。营业收入增长率=（本期营业收入-期初营业收入）/期初营业收入。GROWTH 变量的描述性统计结果详见表4-24。

表4-24   GROWTH 的描述性统计结果

年份	2000	2001	2002	2003	2004	2005	2006	2007	2008	2009	2010	合计
均值	0.340	0.203	0.155	0.197	0.178	0.074	0.141	0.246	0.147	0.197	0.409	0.212
中位数	0.162	0.090	0.076	0.113	0.100	0.053	0.073	0.132	0.058	0.104	0.166	0.099
最大值	9.459	6.187	4.149	5.233	3.354	4.656	13.982	10.208	33.186	7.609	107.128	107.128
最小值	-0.796	-0.905	-0.877	-0.866	-0.956	-0.903	-1.000	-1.000	-1.000	-1.000	-1.000	-1.000
标准差	0.644	0.460	0.360	0.412	0.371	0.263	0.522	0.589	1.058	0.474	2.585	1.053

各变量的定义与说明见表4-25。

表 4-25   **变量的定义与说明**

变量名称	符号	定义
战略偏离	STRATEGY_DEFECTION	企业选择的战略偏离行业普遍采用的战略的程度
战略变革	STRATEGY_CHANGE	企业战略随时间变化而变化的程度
多元化战略	DIVERSIFICATION_NUMBER_1	按照销售收入比例大于1%标准计算的行业数目
	DIVERSIFICATION_NUMBER_5	按照销售收入比例大于5%标准计算的行业数目
	DIVERSIFICATION_NUMBER_10	按照销售收入比例大于10%标准计算的行业数目
	HERFINDAHL_INDEX	$HI = \sum_{i=1}^{n}(S_i)^2$
	ENTROPY_INDEX	$E(s) = \sum_{i=1}^{n} S_i L_n\left(\dfrac{1}{S_i}\right)$
行业内联结	TIE_IN	与目标企业属于相同行业的联结企业数量
行业外联结	TIE_OUT	与目标企业不属于相同行业的联结企业数量
公司绩效	ROA_1	利润/总资产余额
	ROA_2	净利润/（资产合计期末余额+资产合计期初余额）×2
	ROE_1	净利润/股东权益余额
	ROE_2	净利润/（股东权益期末余额+股东权益期初余额）×2
两职情况	DUAL	董事长和总经理两职兼任情况，如果兼任则计为1，否则为0
独立董事比例	RATIO_INDEPENDENT	独立董事数量占董事总数的比例
董事会规模	SCALE_BOARD	董事会的人员数量
战略委员会	STRATEGY_COMMITTEE	公司是否设置了战略委员会，如果设置则计为1，否则为0
企业年龄	YEAR_ESTABLISH	企业成立时间到测量时点的时期长度
	YEAR_LISTED	企业上市时间到测量时点的时期长度
企业规模	LN_ASSET	总资产的自然对数
	LN_SALE	销售收入的自然对数
	LN_WORKER	工人人数的自然对数
资产负债率	DEBT	负债总额/资产总额
企业成长性	GROWTH	主营业务收入的增长率
年份	YEAR	年份虚拟变量（见注1）。

注1：研究样本共计11个年度，因此需要引入10个年份虚拟变量。为方便起见，本书将2000年作为基准，年份虚拟变量设置如下：YEAR_2001（2001年为1，其他为0）、YEAR_2002（2002年为1，其他为0）、YEAR_2003（2003年为1，其他为0）、YEAR_2004（2004年为1，其他为0）、YEAR_2005（2005年为1，其他为0）、YEAR_2006（2006年为1，其他为0）、YEAR_2007（2007年为1，其他为0）、YEAR_2008（2008年为1，其他为0）、YEAR_2009（2009年为1，其他为0）、YEAR_2010（2010年为1，其他为0）。

第 5 章　实证结果与分析

5.1　连锁董事与战略偏离的回归结果与分析

为了检验连锁董事的行业内联结对战略偏离的影响（即假设1A），本书建立如下6个计量模型：

模型1：

$$STRATEGY\_DEFECTION = TIE\_IN + DUAL + RATIO\_INDEPENDENT +$$
$$STRATEGY\_COMMITTEE + LN\_ASSET +$$
$$YEAR\_ESTABLISH + SCALE\_BOARD +$$
$$\sum_{i=2001}^{2010} YEAR\_i + C + \varepsilon$$

模型2：

$$STRATEGY\_DEFECTION = TIE\_IN + DUAL + RATIO\_INDEPENDENT +$$
$$STRATEGY\_COMMITTEE + LN\_SALE +$$
$$YEAR\_ESTABLISH + SCALE\_BOARD +$$
$$\sum_{i=2001}^{2010} YEAR\_i + C + \varepsilon$$

模型3：

$$\begin{aligned}
\text{STRATEGY\_DEFECTION} = {}& \text{TIE\_IN} + \text{DUAL} + \text{RATIO\_INDEPENDENT} + \\
& \text{STRATEGY\_COMMITTEE} + \text{LN\_WORKER} + \\
& \text{YEAR\_ESTABLISH} + \text{SCALE\_BOARD} + \\
& \sum_{i=2001}^{2010} \text{YEAR\_i} + C + \varepsilon
\end{aligned}$$

模型4：

$$\begin{aligned}
\text{STRATEGY\_DEFECTION} = {}& \text{TIE\_IN} + \text{DUAL} + \text{RATIO\_INDEPENDENT} + \\
& \text{STRATEGY\_COMMITTEE} + \text{LN\_ASSET} + \\
& \text{YEAR\_LISTED} + \text{SCALE\_BOARD} + \\
& \sum_{i=2001}^{2010} \text{YEAR\_i} + C + \varepsilon
\end{aligned}$$

模型5：

$$\begin{aligned}
\text{STRATEGY\_DEFECTION} = {}& \text{TIE\_IN} + \text{DUAL} + \text{RATIO\_INDEPENDENT} + \\
& \text{STRATEGY\_COMMITTEE} + \text{LN\_SALE} + \\
& \text{YEAR\_LISTED} + \text{SCALE\_BOARD} + \\
& \sum_{i=2001}^{2010} \text{YEAR\_i} + C + \varepsilon
\end{aligned}$$

模型6：

$$\begin{aligned}
\text{STRATEGY\_DEFECTION} = {}& \text{TIE\_IN} + \text{DUAL} + \text{RATIO\_INDEPENDENT} + \\
& \text{STRATEGY\_COMMITTEE} + \text{LN\_WORKER} + \\
& \text{YEAR\_LISTED} + \text{SCALE\_BOARD} + \\
& \sum_{i=2001}^{2010} \text{YEAR\_i} + C + \varepsilon
\end{aligned}$$

表5-1给出了关于连锁董事的行业内联结对战略偏离影响的6个模型的回归结果。在6个模型的回归结果中，除了在模型5中行业内联结（TIE_IN）变量的回归系数未达到10%的显著性水平以外，其他5个模型的行业内联结（TIE_IN）变量的回归系数均显著为负。这在一定意义上表明，连锁董事的行业内联结对企业选择偏离行业普遍采用的战略（即战略偏离）有显著的负向影响，支持了前文假设1A。

表5-1　　　　　　　　　行业内联结与战略偏离的回归结果

变量	模型1	模型2	模型3	模型4	模型5	模型6
	被解释变量: STRATEGY_ DEFECTION					
TIE_IN	-0.080 ***	-0.032 *	-0.063 ***	-0.077 ***	-0.030	-0.061 ***
	(-4.063)	(-1.689)	(-3.285)	(-3.894)	(-1.557)	(-3.172)
DUAL	0.016	-0.062	0.049	0.030	-0.048	0.060
	(0.326)	(-1.327)	(1.009)	(0.616)	(-1.021)	(1.226)
RATIO_INDEPENDENT	0.000	0.001	-0.001	0.000	0.002	-0.001
	(0.016)	(0.521)	(-0.462)	(0.013)	(0.537)	(-0.487)
STRATEGY_COMMITTEE	-0.246 ***	-0.213 ***	-0.246 ***	-0.239 ***	-0.206 ***	-0.243 ***
	(-4.329)	(-4.020)	(-4.326)	(-4.211)	(-3.882)	(-4.263)
LN_ASSET	-0.263 ***			-0.271 ***		
	(-12.375)			(-12.419)		
LN_SALE		-0.435 ***			-0.437 ***	
		(-17.250)			(-17.199)	
LN_WORKER			-0.239 ***			-0.242 ***
			(-14.156)			(-14.106)
YEAR_ESTABLISH	0.026 ***	0.013 ***	0.019 ***			
	(6.573)	(3.774)	(5.145)			
YEAR_LISTED				0.029 ***	0.023 ***	0.020 ***
				(7.223)	(6.118)	(5.317)
SCALE_BOARD	-0.004	0.016 **	-0.023 ***	-0.007	0.011 *	-0.025 ***
	(-0.547)	(2.378)	(-3.303)	(-1.010)	(1.683)	(-3.587)
YEAR_2001	-0.136 *	-0.120	-0.155 *	-0.134 *	-0.124 *	-0.153 *
	(-1.684)	(-1.549)	(-1.902)	(-1.667)	(-1.605)	(-1.877)
YEAR_2002	-0.102	-0.083	-0.105	-0.101	-0.094	-0.101
	(-0.990)	(-0.840)	(-1.009)	(-0.984)	(-0.962)	(-0.975)
YEAR_2003	-0.380 ***	-0.365 ***	-0.378 ***	-0.376 ***	-0.379 ***	-0.371 ***
	(-2.886)	(-2.927)	(-2.842)	(-2.875)	(-3.055)	(-2.800)
YEAR_2004	-0.269 **	-0.196 *	-0.265 **	-0.262 **	-0.211 *	-0.255 **
	(-2.099)	(-1.600)	(-2.047)	(-2.050)	(-1.729)	(-1.971)
YEAR_2005	-0.262 *	-0.172	-0.242 *	-0.255 *	-0.194	-0.230 *
	(-1.927)	(-1.327)	(-1.765)	(-1.875)	(-1.492)	(-1.675)

续表

变量	模型 1	模型 2	模型 3	模型 4	模型 5	模型 6
	被解释变量：STRATEGY_ DEFECTION					
YEAR_2006	-0.320 **	-0.179	-0.310 **	-0.313 **	-0.206	-0.297 **
	(-2.357)	(-1.368)	(-2.261)	(-2.303)	(-1.576)	(-2.164)
YEAR_2007	-0.281 **	-0.078	-0.314 **	-0.272 **	-0.108	-0.300 **
	(-2.119)	(-0.610)	(-2.353)	(-2.056)	(-0.847)	(-2.252)
YEAR_2008	-0.146	0.068	-0.184	-0.135	0.035	-0.168
	(-1.077)	(0.522)	(-1.351)	(-1.007)	(0.272)	(-1.244)
YEAR_2009	-0.297 **	-0.108	-0.333 **	-0.280 **	-0.140	-0.311 **
	(-2.168)	(-0.823)	(-2.409)	(-2.069)	(-1.081)	(-2.282)
YEAR_2010	-0.370 ***	-0.127	-0.418 ***	-0.342 **	-0.153	-0.390 ***
	(-2.692)	(-0.955)	(-3.017)	(-2.520)	(-1.171)	(-2.849)
C	7.773 ***	11.029 ***	4.092 ***	7.995 ***	11.063 ***	4.157 ***
	(17.576)	(21.709)	(29.336)	(17.458)	(21.569)	(28.867)
R-squared	0.044	0.124	0.050	0.045	0.125	0.050
Adjusted R-squared	0.043	0.123	0.049	0.044	0.124	0.049
F-statistic	37.523	114.690	42.610	38.194	116.300	42.749
Prob (F-statistic)	0.000	0.000	0.000	0.000	0.000	0.000
观测值	13 805	13 804	13 710	13 808	13 807	13 713

注：括号中为 t 值，*、**、*** 分别代表 0.1、0.05、0.01 的显著性水平。

为了检验连锁董事的行业外联结对战略偏离的影响（即假设 1B），本书建立如下 6 个计量模型：

模型 1：

$$STRATEGY\_DEFECTION = TIE\_OUT + DUAL + RATIO\_INDEPENDENT + \\ STRATEGY\_COMMITTEE + LN\_ASSET + \\ YEAR\_ESTABLISH + SCALE\_BOARD + \\ \sum_{i=2001}^{2010} YEAR\_i + C + \varepsilon$$

模型 2：

$$STRATEGY\_DEFECTION = TIE\_OUT + DUAL + RATIO\_INDEPENDENT + \\ STRATEGY\_COMMITTEE + LN\_SALE + \\ YEAR\_ESTABLISH + SCALE\_BOARD + \\ \sum_{i=2001}^{2010} YEAR\_i + C + \varepsilon$$

模型 3：

$$\text{STRATEGY\_DEFECTION} = \text{TIE\_OUT} + \text{DUAL} + \text{RATIO\_INDEPENDENT} +$$
$$\text{STRATEGY\_COMMITTEE} + \text{LN\_WORKER} +$$
$$\text{YEAR\_ESTABLISH} + \text{SCALE\_BOARD} +$$
$$\sum_{i=2001}^{2010} \text{YEAR\_i} + \text{C} + \varepsilon$$

模型 4：

$$\text{STRATEGY\_DEFECTION} = \text{TIE\_OUT} + \text{DUAL} + \text{RATIO\_INDEPENDENT} +$$
$$\text{STRATEGY\_COMMITTEE} + \text{LN\_ASSET} +$$
$$\text{YEAR\_LISTED} + \text{SCALE\_BOARD} +$$
$$\sum_{i=2001}^{2010} \text{YEAR\_i} + \text{C} + \varepsilon$$

模型 5：

$$\text{STRATEGY\_DEFECTION} = \text{TIE\_OUT} + \text{DUAL} + \text{RATIO\_INDEPENDENT} +$$
$$\text{STRATEGY\_COMMITTEE} + \text{LN\_SALE} +$$
$$\text{YEAR\_LISTED} + \text{SCALE\_BOARD} +$$
$$\sum_{i=2001}^{2010} \text{YEAR\_i} + \text{C} + \varepsilon$$

模型 6：

$$\text{STRATEGY\_DEFECTION} = \text{TIE\_OUT} + \text{DUAL} + \text{RATIO\_INDEPENDENT} +$$
$$\text{STRATEGY\_COMMITTEE} + \text{LN\_WORKER} +$$
$$\text{YEAR\_LISTED} + \text{SCALE\_BOARD} +$$
$$\sum_{i=2001}^{2010} \text{YEAR\_i} + \text{C} + \varepsilon$$

表 5-2 给出了关于连锁董事的行业外联结对战略偏离影响的 6 个模型的回归结果。在 6 个模型的回归结果中，除了在模型 5 中行业外联结（TIE_OUT）变量的回归系数未达到 10% 的显著性水平以外，其他 5 个模型的行业外联结（TIE_OUT）变量的回归系数均显著为正。这在一定意义上表明，连锁董事的行业外联结对企业选择偏离行业普遍采用的战略（即战略偏离）有显著的正向影响，支持了前文假设 1B。

表 5-2　　　　　　行业外联结与战略偏离的回归结果

变量	模型 1	模型 2	模型 3	模型 4	模型 5	模型 6
	被解释变量：STRATEGY_DEFECTION					
TIE_OUT	0.082 ***	0.038 **	0.065 ***	0.079 ***	0.036	0.063 ***
	(4.168)	(2.025)	(3.373)	(4.006)	(1.500)	(3.262)
DUAL	0.019	−0.052	0.053	0.034	−0.036	0.063
	(0.375)	(−1.115)	(1.072)	(0.677)	(−0.783)	(1.295)
RATIO_INDEPENDENT	0.001	0.004	−0.001	0.001	0.005	−0.001
	(0.287)	(1.537)	(−0.213)	(0.321)	(1.595)	(−0.223)
STRATEGY_COMMITTEE	−0.251 ***	−0.233 ***	−0.251 ***	−0.245 ***	−0.226 ***	−0.248 ***
	(−4.410)	(−4.370)	(−4.410)	(−4.303)	(−4.236)	(−4.351)
LN_ASSET	−0.268 ***			−0.277 ***		
	(−12.262)			(−12.327)		
LN_SALE		−0.449 ***			−0.452 ***	
		(−17.378)			(−17.340)	
LN_WORKER			−0.243 ***			−0.246 ***
			(−14.091)			(−14.058)
YEAR_ESTABLISH	0.026 ***	0.014 ***	0.020 ***			
	(6.630)	(4.023)	(5.197)			
YEAR_LISTED				0.030 ***	0.025 ***	0.021 ***
				(7.287)	(6.427)	(5.371)
SCALE_BOARD	−0.087 ***	−0.026	−0.089 ***	−0.087 ***	−0.029 *	−0.089 ***
	(−4.968)	(−1.563)	(−5.296)	(−4.933)	(−1.706)	(−5.249)
YEAR_2001	−0.138 *	−0.130 *	−0.158 *	−0.137 *	−0.134 *	−0.156 *
	(−1.716)	(−1.672)	(−1.935)	(−1.703)	(−1.734)	(−1.912)
YEAR_2002	−0.123	−0.159	−0.125	−0.125	−0.174 *	−0.122
	(−1.182)	(−1.596)	(−1.187)	(−1.206)	(−1.754)	(−1.164)
YEAR_2003	−0.405 ***	−0.457 ***	−0.402 ***	−0.406 ***	−0.476 ***	−0.396 **
	(−3.057)	(−3.644)	(−2.997)	(−3.073)	(−3.807)	(−2.966)
YEAR_2004	−0.292 **	−0.280 **	−0.287 **	−0.289 **	−0.299 **	−0.278 **
	(−2.256)	(−2.257)	(−2.192)	(−2.232)	(−2.415)	(−2.126)
YEAR_2005	−0.283 **	−0.246 *	−0.262 *	−0.280 **	−0.272 **	−0.251 *
	(−2.066)	(−1.888)	(−1.892)	(−2.036)	(−2.080)	(−1.810)

续表

变量	模型1	模型2	模型3	模型4	模型5	模型6
	被解释变量：STRATEGY_DEFECTION					
YEAR_2006	−0. 340 **	−0. 246 *	−0. 328 **	−0. 335 **	−0. 276 **	−0. 316 **
	(−2.484)	(−1.872)	(−2.375)	(−2.449)	(−2.106)	(−2.285)
YEAR_2007	−0. 299 **	−0. 138	−0. 332 **	−0. 292 **	−0. 171	−0. 319 **
	(−2.242)	(−1.077)	(−2.470)	(−2.200)	(−1.341)	(−2.376)
YEAR_2008	−0. 161	0. 016	−0. 199	−0. 153	−0. 021	−0. 184
	(−1.187)	(0.119)	(−1.458)	(−1.136)	(−0.159)	(−1.358)
YEAR_2009	−0. 310 **	−0. 155	−0. 346 **	−0. 295 **	−0. 191	−0. 326 **
	(−2.264)	(−1.181)	(−2.503)	(−2.180)	(−1.467)	(−2.383)
YEAR_2010	−0. 383 ***	−0. 171	−0. 432 ***	−0. 357 ***	−0. 199	−0. 404 ***
	(−2.784)	(−1.288)	(−3.110)	(−2.626)	(−1.525)	(−2.947)
C	7. 767 ***	10. 873 ***	4. 006 ***	7. 992 ***	10. 906 ***	4. 067 ***
	(17.585)	(21.733)	(27.253)	(17.465)	(21.591)	(26.845)
R-squared	0. 044	0. 126	0. 050	0. 045	0. 128	0. 051
Adjusted R-squared	0. 043	0. 125	0. 049	0. 044	0. 127	0. 049
F-statistic	35. 578	110. 623	40. 369	36. 251	112. 336	40. 513
Prob （F-statistic)	0. 000	0. 000	0. 000	0. 000	0. 000	0. 000
观测值	13 805	13 804	13 710	13 808	13 807	13 713

注：括号中为 t 值，* 、** 、*** 分别代表 0.1、0.05、0.01 的显著性水平。

其他控制变量与战略偏离的回归结果及分析：

在表 5-1 和表 5-2 的 12 个模型中，董事长和总经理两职兼任情况（DUAL）以及独立董事比例（RATIO_INDEPENDENT）的回归系数均不显著，说明二者对战略偏离均无显著影响。

是否设置战略委员会（STRATEGY_COMMITTEE）以及董事会规模（SCALE_BOARD）的回归系数绝大多数显著为负，说明二者对战略偏离有显著的负向影响。这一结果意味着，如果公司设置了战略委员会，或者公司拥有了较大规模的董事会，那么，公司则倾向于遵循行业主流战略。

代表企业规模的三个变量（LN _ ASSET、LN _ SALE、LN _ WORKER）的回归系数均显著为负，说明公司规模越大，越倾向于遵

循行业主流战略，不去选择行业偏离战略。这一结果与现有研究
（Geletkanycz & Hambrick，1997）结果相吻合。

代表企业年龄的两个变量（YEAR_ESTABLISH、YEAR_LISTED）
的回归系数显著为正，说明企业（成立或上市）年龄越大，越倾向于
偏离行业主流战略（战略偏离），这一结果与现有研究（Geletkanycz &
Hambrick，1997）结果相悖。这可能是由于本书研究样本仅限于上市公
司所致，没能包括小企业的研究样本。

5.2 连锁董事、战略偏离与公司绩效的回归结果与分析

为了检验连锁董事的行业内联结与战略偏离的交互作用对公司绩效
的影响（即假设2A），本书建立如下4个计量模型：

模型1：

$$\begin{aligned} ROA\_1 = {} & STRATEGY\_DEFECTION + TIE\_IN + STRATEGY\_DEFECTION \times \\ & TIE\_IN + DEBT + GROWTH + DUAL + RATIO\_INDEPENDENT + \\ & STRATEGY\_COMMITTEE + YEAR\_ESTABLISH + SCALE\_BOARD + \\ & \sum_{i=2001}^{2009} YEAR\_i + C + \varepsilon \end{aligned}$$

模型2：

$$\begin{aligned} ROA\_2 = {} & STRATEGY\_DEFECTION + TIE\_IN + STRATEGY\_DEFECTION \times \\ & TIE\_IN + DEBT + GROWTH + DUAL + RATIO\_INDEPENDENT + \\ & STRATEGY\_COMMITTEE + YEAR\_ESTABLISH + SCALE\_BOARD + \\ & \sum_{i=2001}^{2009} YEAR\_i + C + \varepsilon \end{aligned}$$

模型3：

$$\begin{aligned} ROE\_1 = {} & STRATEGY\_DEFECTION + TIE\_IN + STRATEGY\_DEFECTION \times \\ & TIE\_IN + DEBT + GROWTH + DUAL + RATIO\_INDEPENDENT + \\ & STRATEGY\_COMMITTEE + YEAR\_ESTABLISH + SCALE\_BOARD + \\ & \sum_{i=2001}^{2009} YEAR\_i + C + \varepsilon \end{aligned}$$

模型 4：

$$ROE\_2 = STRATEGY\_DEFECTION + TIE\_IN + STRATEGY\_DEFECTION \times$$
$$TIE\_IN + DEBT + GROWTH + DUAL + RATIO\_INDEPENDENT +$$
$$STRATEGY\_COMMITTEE + YEAR\_ESTABLISH + SCALE\_BOARD +$$
$$\sum_{i=2001}^{2009} YEAR\_i + C + \varepsilon$$

表 5-3 给出了连锁董事的行业内联结与战略偏离的交互作用对公司绩效影响的回归结果。在 4 个模型的回归结果中，除了在模型 2 中行业内联结与战略偏离的交互作用变量（STRATEGY_DEFECTION×TIE_IN）的回归系数未达到 10% 的显著性水平以外，其他 3 个模型的行业内联结与战略偏离的交互作用变量（STRATEGY_DEFECTION×TIE_IN）的回归系数均显著为负。这在一定意义上表明，行业内联结与战略偏离的交互作用对公司绩效有显著的负面影响。具体而言，当企业选择了偏离行业普遍采用的战略时（即战略偏离），公司拥有的行业内联结数量越多，公司绩效水平越低，这支持了前文假设 2A。

表 5-3　　　行业内联结、战略偏离与公司绩效的回归结果

模型	模型 1	模型 2	模型 3	模型 4
变量	ROA_1	ROA_2	ROE_1	ROE_2
STRATEGY_DEFECTION	-0.120 ***	-0.108 ***	-0.082 ***	-0.119 ***
	(-24.886)	(-22.290)	(-13.345)	(-19.920)
TIE_IN	-0.019	-0.007	-0.045 **	-0.001
	(-1.184)	(-0.424)	(-2.326)	(-0.029)
STRATEGY_DEFECTION ×TIE_IN	-0.004 ***	0.000	-0.025 ***	-0.001 *
	(-6.746)	(0.553)	(-2.807)	(-1.620)
DEBT	-0.079 ***	-0.082 ***	-0.344 ***	-0.865 ***
	(-10.282)	(-10.578)	(-8.048)	(-19.701)
GROWTH	0.286 ***	0.401 ***	0.210 ***	0.331 ***
	(16.641)	(23.233)	(10.878)	(17.551)
DUAL	0.017	0.028	0.005	-0.041 *
	(0.758)	(1.244)	(0.213)	(-1.612)
RATIO_INDEPENDENT	0.003 **	0.003 **	0.002 *	0.001
	(2.211)	(2.080)	(1.741)	(0.879)

模型	模型1	模型2	模型3	模型4
变量	ROA_1	ROA_2	ROE_1	ROE_2
STRATEGY_COMMITTEE	−0.003	0.018	0.020	−0.009
	(−0.101)	(0.701)	(0.726)	(−0.329)
YEAR_ESTABLISH	−0.016***	−0.021***	−0.007***	−0.006**
	(−7.840)	(−10.202)	(−2.776)	(−2.434)
SCALE_BOARD	0.016***	0.018***	0.018***	0.022***
	(4.236)	(4.700)	(4.130)	(5.183)
YEAR_2001	0.012	0.035	−0.001	0.034
	(0.319)	(0.920)	(−0.014)	(0.818)
YEAR_2002	−0.015	0.011	−0.035	0.049
	(−0.311)	(0.229)	(−0.670)	(0.954)
YEAR_2003	−0.115**	−0.094*	−0.101*	−0.038
	(−2.096)	(−1.716)	(−1.639)	(−0.623)
YEAR_2004	−0.098*	−0.078	−0.098	−0.020
	(−1.751)	(−1.379)	(−1.546)	(−0.329)
YEAR_2005	−0.077	−0.037	−0.085	0.017
	(−1.270)	(−0.603)	(−1.249)	(0.252)
YEAR_2006	−0.054	−0.019	−0.091	0.009
	(−0.882)	(−0.314)	(−1.330)	(0.133)
YEAR_2007	−0.126**	−0.107*	−0.129*	−0.028
	(−2.077)	(−1.756)	(−1.883)	(−0.414)
YEAR_2008	−0.058	0.001	−0.082	0.037
	(−0.941)	(0.023)	(−1.185)	(0.551)
YEAR_2009	−0.092	−0.067	−0.115*	−0.026
	(−1.502)	(−1.080)	(−1.662)	(−0.386)
C	0.358***	0.326***	0.305***	0.567***
	(10.676)	(9.655)	(7.433)	(14.029)
R-squared	0.116	0.132	0.038	0.105
Adjusted R-squared	0.115	0.131	0.036	0.104
F-statistic	82.796	96.062	24.030	72.404
Prob（F-statistic）	0.000	0.000	0.000	0.000
观测值	11 973	11 973	11 734	11 739

注：括号中为t值，*、**、***分别代表0.1、0.05、0.01的显著性水平。

为了检验连锁董事的行业外联结与战略偏离的交互作用对公司绩效

的影响（即假设2B），本书建立如下4个计量模型：

模型1：

$$
\begin{aligned}
\text{ROA\_1} = {} & \text{STRATEGY\_DEFECTION} + \text{TIE\_OUT} + \text{STRATEGY\_DEFECTION} \times \\
& \text{TIE\_OUT} + \text{DEBT} + \text{GROWTH} + \text{DUAL} + \text{RATIO\_INDEPENDENT} + \\
& \text{STRATEGY\_COMMITTEE} + \text{YEAR\_ESTABLISH} + \text{SCALE\_BOARD} + \\
& \sum_{i=2001}^{2009} \text{YEAR\_i} + C + \varepsilon
\end{aligned}
$$

模型2：

$$
\begin{aligned}
\text{ROA\_2} = {} & \text{STRATEGY\_DEFECTION} + \text{TIE\_OUT} + \text{STRATEGY\_DEFECTION} \times \\
& \text{TIE\_OUT} + \text{DEBT} + \text{GROWTH} + \text{DUAL} + \text{RATIO\_INDEPENDENT} + \\
& \text{STRATEGY\_COMMITTEE} + \text{YEAR\_ESTABLISH} + \text{SCALE\_BOARD} + \\
& \sum_{i=2001}^{2009} \text{YEAR\_i} + C + \varepsilon
\end{aligned}
$$

模型3：

$$
\begin{aligned}
\text{ROE\_1} = {} & \text{STRATEGY\_DEFECTION} + \text{TIE\_OUT} + \text{STRATEGY\_DEFECTION} \times \\
& \text{TIE\_OUT} + \text{DEBT} + \text{GROWTH} + \text{DUAL} + \text{RATIO\_INDEPENDENT} + \\
& \text{STRATEGY\_COMMITTEE} + \text{YEAR\_ESTABLISH} + \text{SCALE\_BOARD} + \\
& \sum_{i=2001}^{2009} \text{YEAR\_i} + C + \varepsilon
\end{aligned}
$$

模型4：

$$
\begin{aligned}
\text{ROE\_2} = {} & \text{STRATEGY\_DEFECTION} + \text{TIE\_OUT} + \text{STRATEGY\_DEFECTION} \times \\
& \text{TIE\_OUT} + \text{DEBT} + \text{GROWTH} + \text{DUAL} + \text{RATIO\_INDEPENDENT} + \\
& \text{STRATEGY\_COMMITTEE} + \text{YEAR\_ESTABLISH} + \text{SCALE\_BOARD} + \\
& \sum_{i=2001}^{2009} \text{YEAR\_i} + C + \varepsilon
\end{aligned}
$$

表5-4给出了连锁董事的行业外联结与战略偏离的交互作用对公司绩效影响的回归结果。在4个模型的回归结果中，除了在模型1中行业外联结与战略偏离的交互作用变量（STRATEGY_DEFECTION×TIE_OUT）的回归系数未达到10%的显著性水平以外，其他3个模型的行业外联结与战略偏离的交互作用变量（STRATEGY_DEFECTION×TIE_OUT）的回归系数均显著为正。这在一定意义上表明，行业外联结与战略偏离的交互作用对公司绩效有显著的正向影响。具体而言，当企业选择了偏离行业普遍采用的战略时（即战略偏离），公司拥有的行业外联

结数量越多，公司绩效水平越高，这支持了前文假设2A。

表5-4　　　行业外联结、战略偏离与公司绩效的回归结果

模型	模型1	模型2	模型3	模型4
变量	ROA_1	ROA_2	ROE_1	ROE_2
STRATEGY_DEFECTION	-0.118***	-0.107***	-0.090***	-0.131***
	(-21.393)	(-19.256)	(-12.786)	(-19.025)
TIE_OUT	0.012	0.009	-0.016	-0.017
	(0.956)	(0.725)	(-1.157)	(-1.218)
STRATEGY_DEFECTION ×TIE_OUT	0.000	0.001***	0.010***	0.008***
	(0.684)	(3.060)	(3.607)	(2.990)
DEBT	-0.079***	-0.082***	-0.338***	-0.859***
	(-10.281)	(-10.557)	(-7.908)	(-19.567)
GROWTH	0.286***	0.401***	0.212***	0.333***
	(16.642)	(23.225)	(10.974)	(17.615)
DUAL	0.017	0.029	0.003	-0.042*
	(0.756)	(1.250)	(0.131)	(-1.666)
RATIO_INDEPENDENT	0.003**	0.003**	0.002*	0.001
	(2.199)	(2.078)	(1.718)	(0.882)
STRATEGY_COMMITTEE	-0.003	0.017	0.020	-0.010
	(-0.102)	(0.700)	(0.724)	(-0.360)
YEAR_ESTABLISH	-0.016***	-0.022***	-0.007***	-0.006**
	(-7.832)	(-10.207)	(-2.776)	(-2.452)
SCALE_BOARD	0.005	0.011	0.015	0.024**
	(0.487)	(1.043)	(1.350)	(2.127)
YEAR_2001	0.012	0.035	-0.001	0.032
	(0.331)	(0.923)	(-0.035)	(0.788)

续表

模型	模型 1	模型 2	模型 3	模型 4
变量	ROA_1	ROA_2	ROE_1	ROE_2
YEAR_2002	−0.014 (−0.300)	0.011 (0.233)	−0.036 (−0.688)	0.048 (0.925)
YEAR_2003	−0.114 ** (−2.088)	−0.094 * (−1.710)	−0.104 * (−1.683)	−0.040 (−0.657)
YEAR_2004	−0.098 * (−1.740)	−0.078 (−1.372)	−0.101 (−1.591)	−0.023 (−0.378)
YEAR_2005	−0.076 (−1.264)	−0.036 (−0.597)	−0.089 (−1.312)	0.014 (0.205)
YEAR_2006	−0.053 (−0.877)	−0.019 (−0.308)	−0.096 (−1.399)	0.006 (0.086)
YEAR_2007	−0.125 ** (−2.065)	−0.107 * (−1.752)	−0.130 * (−1.900)	−0.030 (−0.444)
YEAR_2008	−0.057 (−0.927)	0.002 (0.030)	−0.086 (−1.239)	0.033 (0.489)
YEAR_2009	−0.092 (−1.493)	−0.066 (−1.074)	−0.118 * (−1.702)	−0.028 (−0.421)
C	0.355 *** (10.416)	0.324 *** (9.452)	0.322 *** (7.740)	0.591 *** (14.424)
R-squared	0.116	0.132	0.038	0.106
Adjusted R-squared	0.115	0.131	0.036	0.104
F-statistic	82.769	96.067	24.311	72.929
Prob（F-statistic）	0.000	0.000	0.000	0.000
观测值	11 973	11 973	11 734	11 739

注：括号中为 t 值，*、**、*** 分别代表 0.1、0.05、0.01 的显著性水平。

其他变量与公司绩效的回归结果与分析：

表5-3和表5-4表明，8个模型中的战略偏离（STRATEGY_DEFECTION）变量的回归系数均显著为负，这意味着偏离行业主流战略会对公司绩效有显著的负面影响。理论上讲，战略偏离对公司绩效的影响是不确定的，而本书之所以得出显著为负的结果，可能是由于本书研究样本的特殊性所致。因为本书选用的是深沪两市全部的A股上市公司，公司规模普遍偏大，战略偏离可能并不会给企业带来好的绩效。

行业内联结（TIE_IN）与行业外联结（TIE_OUT）的回归系数均不显著，说明它们对公司绩效并未有显著的直接影响。

此外，资产负债率（DEBT）和企业年龄（YEAR_ESTABLISH）对公司绩效有显著的负向影响，独立董事比例（RATIO_INDEPENDENT）和企业成长性（GROWTH）对公司绩效有显著的正向影响。

5.3 连锁董事与战略变革的回归结果与分析

为了检验连锁董事的行业内联结对战略变革的影响（即假设3A），本书建立如下6个计量模型：

模型1：

$$
\begin{aligned}
\text{STRATEGY\_CHANGE} = {}& \text{TIE\_IN} + \text{DUAL} + \text{RATIO\_INDEPENDENT} + \\
& \text{STRATEGY\_COMMITTEE} + \text{LN\_ASSET} + \\
& \text{YEAR\_ESTABLISH} + \text{SCALE\_BOARD} + \\
& \sum_{i=2001}^{2010} \text{YEAR\_i} + \text{C} + \varepsilon
\end{aligned}
$$

模型2：

$$
\begin{aligned}
\text{STRATEGY\_CHANGE} = {}& \text{TIE\_IN} + \text{DUAL} + \text{RATIO\_INDEPENDENT} + \\
& \text{STRATEGY\_COMMITTEE} + \text{LN\_SALE} + \\
& \text{YEAR\_ESTABLISH} + \text{SCALE\_BOARD} + \\
& \sum_{i=2001}^{2010} \text{YEAR\_i} + \text{C} + \varepsilon
\end{aligned}
$$

模型 3：

$$\text{STRATEGY\_CHANGE} = \text{TIE\_IN} + \text{DUAL} + \text{RATIO\_INDEPENDENT} + \\ \text{STRATEGY\_COMMITTEE} + \text{LN\_WORKER} + \\ \text{YEAR\_ESTABLISH} + \text{SCALE\_BOARD} + \\ \sum_{i=2001}^{2010} \text{YEAR\_i} + C + \varepsilon$$

模型 4：

$$\text{STRATEGY\_CHANGE} = \text{TIE\_IN} + \text{DUAL} + \text{RATIO\_INDEPENDENT} + \\ \text{STRATEGY\_COMMITTEE} + \text{LN\_ASSET} + \\ \text{YEAR\_LISTED} + \text{SCALE\_BOARD} + \\ \sum_{i=2001}^{2010} \text{YEAR\_i} + C + \varepsilon$$

模型 5：

$$\text{STRATEGY\_CHANGE} = \text{TIE\_IN} + \text{DUAL} + \text{RATIO\_INDEPENDENT} + \\ \text{STRATEGY\_COMMITTEE} + \text{LN\_SALE} + \\ \text{YEAR\_LISTED} + \text{SCALE\_BOARD} + \\ \sum_{i=2001}^{2010} \text{YEAR\_i} + C + \varepsilon$$

模型 6：

$$\text{STRATEGY\_CHANGE} = \text{TIE\_IN} + \text{DUAL} + \text{RATIO\_INDEPENDENT} + \\ \text{STRATEGY\_COMMITTEE} + \text{LN\_WORKER} + \\ \text{YEAR\_LISTED} + \text{SCALE\_BOARD} + \\ \sum_{i=2001}^{2010} \text{YEAR\_i} + C + \varepsilon$$

表 5-5 给出了关于连锁董事的行业内联结对战略变革影响的 6 个模型的回归结果。在 6 个模型的回归结果中，除了在模型 2 和模型 5（用销售收入作为企业规模代理变量的两个模型）中行业内联结变量（TIE_IN）的回归系数未达到 10% 的显著性水平以外，其他 4 个模型的行业内联结变量（TIE_IN）的回归系数均显著为负。这在一定意义上表明，连锁董事的行业内联结对企业战略变革有显著的负向影响，支持了前文假设 3A。

表 5-5　　　　　　　　行业内联结与战略变革的回归结果

变量	模型1	模型2	模型3	模型4	模型5	模型6
	被解释变量：STRATEGY_CHANGE					
TIE_IN	-0.082***	-0.037	-0.067***	-0.079***	-0.035	-0.066**
	(-3.088)	(-1.419)	(-2.604)	(-2.983)	(-1.314)	(-2.523)
DUAL	0.108	0.063	0.145*	0.118	0.070	0.153**
	(1.427)	(0.860)	(1.924)	(1.547)	(0.953)	(2.024)
RATIO_INDEPENDENT	0.004	0.004	0.003	0.004	0.004	0.003
	(0.890)	(0.803)	(0.684)	(0.906)	(0.814)	(0.684)
STRATEGY_COMMITTEE	-0.065	-0.042	-0.060	-0.062	-0.038	-0.063
	(-0.953)	(-0.642)	(-0.875)	(-0.904)	(-0.578)	(-0.910)
LN_ASSET	-0.329***			-0.344***		
	(-9.997)			(-10.162)		
LN_SALE		-0.414***			-0.423***	
		(-13.397)			(-13.466)	
LN_WORKER			-0.234***			-0.245***
			(-10.951)			(-11.253)
YEAR_ESTABLISH	0.043***	0.031***	0.039***			
	(6.837)	(5.170)	(6.181)			
YEAR_LISTED				0.029***	0.023***	0.018***
				(4.693)	(3.861)	(3.079)
SCALE_BOARD	0.000	0.015	-0.023**	0.002	0.016	-0.021**
	(0.019)	(1.401)	(-2.168)	(0.190)	(1.496)	(-1.973)
YEAR_2002	-0.111	-0.073	-0.087	-0.099	-0.066	-0.069
	(-0.834)	(-0.564)	(-0.648)	(-0.747)	(-0.514)	(-0.515)
YEAR_2003	-0.113	-0.059	-0.095	-0.090	-0.045	-0.062
	(-0.689)	(-0.368)	(-0.570)	(-0.551)	(-0.286)	(-0.374)
YEAR_2004	-0.181	-0.079	-0.170	-0.145	-0.057	-0.120
	(-1.073)	(-0.480)	(-0.991)	(-0.864)	(-0.349)	(-0.704)

续表

变量	模型 1	模型 2	模型 3	模型 4	模型 5	模型 6
	被解释变量：STRATEGY_CHANGE					
YEAR_2005	−0.249	−0.134	−0.223	−0.199	−0.103	−0.156
	(−1.480)	(−0.824)	(−1.311)	(−1.183)	(−0.635)	(−0.913)
YEAR_2006	−0.328 *	−0.174	−0.321 *	−0.263	−0.135	−0.234
	(−1.927)	(−1.049)	(−1.866)	(−1.554)	(−0.815)	(−1.364)
YEAR_2007	−0.280	−0.086	−0.345 *	−0.200	−0.036	−0.241
	(−1.597)	(−0.505)	(−1.953)	(−1.153)	(−0.216)	(−1.381)
YEAR_2008	−0.248	−0.034	−0.309 *	−0.157	0.022	−0.193
	(−1.398)	(−0.198)	(−1.715)	(−0.904)	(0.132)	(−1.094)
C	7.965 ***	9.451 ***	2.788 ***	8.450 ***	9.741 ***	3.080 ***
	(11.658)	(15.198)	(15.623)	(11.919)	(15.316)	(17.051)
R-squared	0.039	0.084	0.035	0.035	0.083	0.032
Adjusted R-squared	0.037	0.083	0.034	0.034	0.082	0.030
F-statistic	25.379	58.253	22.960	23.215	57.224	20.597
Prob（F-statistic）	0.000	0.000	0.000	0.000	0.000	0.000
观测值	8 858	8 854	8 806	8 858	8 854	8 806

注：括号中为 t 值，*、**、*** 分别代表 0.1、0.05、0.01 的显著性水平。

为了检验连锁董事的行业外联结对战略变革的影响（即假设 3B），本书建立如下 6 个计量模型：

模型 1：

$$STRATEGY\_CHANGE = TIE\_OUT + DUAL + RATIO\_INDEPENDENT +$$
$$STRATEGY\_COMMITTEE + LN\_ASSET +$$
$$YEAR\_ESTABLISH + SCALE\_BOARD +$$
$$\sum_{i=2001}^{2010} YEAR\_i + C + \varepsilon$$

模型 2：

$$STRATEGY\_CHANGE = TIE\_OUT + DUAL + RATIO\_INDEPENDENT +$$
$$STRATEGY\_COMMITTEE + LN\_SALE +$$

$$YEAR\_ESTABLISH + SCALE\_BOARD +$$
$$\sum_{i=2001}^{2010} YEAR\_i + C + \varepsilon$$

模型 3：

$$STRATEGY\_CHANGE = TIE\_OUT + DUAL + RATIO\_INDEPENDENT +$$
$$STRATEGY\_COMMITTEE + LN\_WORKER +$$
$$YEAR\_ESTABLISH + SCALE\_BOARD +$$
$$\sum_{i=2001}^{2010} YEAR\_i + C + \varepsilon$$

模型 4：

$$STRATEGY\_CHANGE = TIE\_OUT + DUAL + RATIO\_INDEPENDENT +$$
$$STRATEGY\_COMMITTEE + LN\_ASSET +$$
$$YEAR\_LISTED + SCALE\_BOARD +$$
$$\sum_{i=2001}^{2010} YEAR\_i + C + \varepsilon$$

模型 5：

$$STRATEGY\_CHANGE = TIE\_OUT + DUAL + RATIO\_INDEPENDENT +$$
$$STRATEGY\_COMMITTEE + LN\_SALE +$$
$$YEAR\_LISTED + SCALE\_BOARD +$$
$$\sum_{i=2001}^{2010} YEAR\_i + C + \varepsilon$$

模型 6：

$$STRATEGY\_CHANGE = TIE\_OUT + DUAL + RATIO\_INDEPENDENT +$$
$$STRATEGY\_COMMITTEE + LN\_WORKER +$$
$$YEAR\_LISTED + SCALE\_BOARD +$$
$$\sum_{i=2001}^{2010} YEAR\_i + C + \varepsilon$$

表 5-6 给出了关于连锁董事的行业外联结对战略变革影响的 6 个模型的回归结果。在 6 个模型的回归结果中，除了在模型 2 和模型 5 中行业外联结（TIE_OUT）变量的回归系数未达到 10% 的显著性水平以外，其他 4 个模型的行业外联结（TIE_OUT）变量的回归系数均显著为负。这在一定意义上表明，连锁董事的行业外联结对企业战略变革有显著的正向影响，支持了前文假设 3B。

表 5-6 行业外联结与战略变革的回归结果

变量	模型 1	模型 2	模型 3	模型 4	模型 5	模型 6
	被解释变量：STRATEGY_CHANGE					
TIE_OUT	0.079 ***	0.038	0.064 **	0.077 ***	0.035	0.062 **
	(2.964)	(1.425)	(2.447)	(2.861)	(1.319)	(2.364)
DUAL	0.105	0.063	0.138 *	0.114	0.070	0.145 *
	(1.384)	(0.869)	(1.837)	(1.501)	(0.961)	(1.930)
RATIO_INDEPENDENT	0.003	0.004	0.001	0.003	0.004	0.001
	(0.631)	(0.837)	(0.311)	(0.638)	(0.847)	(0.293)
STRATEGY_COMMITTEE	-0.057	-0.044	-0.048	-0.054	-0.039	-0.050
	(-0.828)	(-0.654)	(-0.691)	(-0.782)	(-0.588)	(-0.723)
LN_ASSET	-0.320 ***			-0.334 ***		
	(-9.724)			(-9.906)		
LN_SALE		-0.415 ***			-0.424 ***	
		(-13.407)			(-13.493)	
LN_WORKER			-0.225 ***			-0.236 ***
			(-10.588)			(-10.925)
YEAR_ESTABLISH	0.042 ***	0.031 ***	0.039 ***			
	(6.812)	(5.211)	(6.140)			
YEAR_LISTED				0.028 ***	0.023 ***	0.017 ***
				(4.584)	(3.888)	(2.953)
SCALE_BOARD	-0.077 ***	-0.023	-0.084 ***	-0.073 ***	-0.019	-0.079 ***
	(-3.267)	(-0.959)	(-3.691)	(-3.049)	(-0.799)	(-3.465)
YEAR_2002	-0.083	-0.077	-0.045	-0.070	-0.070	-0.024
	(-0.619)	(-0.593)	(-0.331)	(-0.522)	(-0.541)	(-0.182)
YEAR_2003	-0.079	-0.064	-0.044	-0.055	-0.050	-0.008
	(-0.478)	(-0.397)	(-0.261)	(-0.331)	(-0.313)	(-0.047)
YEAR_2004	-0.151	-0.083	-0.124	-0.113	-0.061	-0.071
	(-0.889)	(-0.503)	(-0.722)	(-0.671)	(-0.371)	(-0.419)

续表

变量	模型 1	模型 2	模型 3	模型 4	模型 5	模型 6
	被解释变量：STRATEGY_CHANGE					
YEAR_2005	−0.221	−0.138	−0.182	−0.170	−0.107	−0.112
	(−1.311)	(−0.846)	(−1.065)	(−1.005)	(−0.655)	(−0.654)
YEAR_2006	−0.303 *	−0.178	−0.284 *	−0.237	−0.138	−0.195
	(−1.781)	(−1.069)	(−1.652)	(−1.396)	(−0.833)	(−1.134)
YEAR_2007	−0.258	−0.089	−0.310 *	−0.176	−0.039	−0.203
	(−1.473)	(−0.524)	(−1.759)	(−1.017)	(−0.234)	(−1.167)
YEAR_2008	−0.229	−0.037	−0.277	−0.137	0.020	−0.160
	(−1.294)	(−0.214)	(−1.551)	(−0.788)	(0.116)	(−0.911)
C	7.967 ***	9.441 ***	3.004 ***	8.449 ***	9.731 ***	3.305 ***
	(11.660)	(15.131)	(15.100)	(11.920)	(15.237)	(15.965)
R-squared	0.039	0.084	0.036	0.036	0.083	0.033
Adjusted R-squared	0.037	0.083	0.034	0.034	0.082	0.031
F-statistic	23.881	54.369	21.890	21.876	53.407	19.729
Prob（F-statistic）	0.000	0.000	0.000	0.000	0.000	0.000
观测值	8 858	8 854	8 806	8 858	8 854	8 806

注：括号中为 t 值，* 、** 、*** 分别代表 0.1、0.05、0.01 的显著性水平。

5.4 连锁董事、战略变革与公司绩效的回归结果与分析

为了检验连锁董事的行业内联结与战略变革的交互作用对公司绩效的影响（即假设 4A），本书建立如下 4 个计量模型：

模型 1：

$ROA\_1 = STRATEGY\_CHANGE + TIE\_IN + STRATEGY\_CHANGE \times$

$$
\begin{aligned}
& \text{TIE\_IN} + \text{DEBT} + \text{GROWTH} + \text{DUAL} + \\
& \text{RATIO\_INDEPENDENT} + \text{STRATEGY\_COMMITTEE} + \\
& \text{YEAR\_ESTABLISH} + \text{SCALE\_BOARD} + \sum_{i=2002}^{2008} \text{YEAR\_i} + \text{C} + \varepsilon
\end{aligned}
$$

模型2：

$$
\begin{aligned}
\text{ROA\_2} = {} & \text{STRATEGY\_CHANGE} + \text{TIE\_IN} + \text{STRATEGY\_CHANGE} \times \\
& \text{TIE\_IN} + \text{DEBT} + \text{GROWTH} + \text{DUAL} + \\
& \text{RATIO\_INDEPENDENT} + \text{STRATEGY\_COMMITTEE} + \\
& \text{YEAR\_ESTABLISH} + \text{SCALE\_BOARD} + \sum_{i=2002}^{2008} \text{YEAR\_i} + \text{C} + \varepsilon
\end{aligned}
$$

模型3：

$$
\begin{aligned}
\text{ROE\_1} = {} & \text{STRATEGY\_CHANGE} + \text{TIE\_IN} + \text{STRATEGY\_CHANGE} \times \\
& \text{TIE\_IN} + \text{DEBT} + \text{GROWTH} + \text{DUAL} + \\
& \text{RATIO\_INDEPENDENT} + \text{STRATEGY\_COMMITTEE} + \\
& \text{YEAR\_ESTABLISH} + \text{SCALE\_BOARD} + \sum_{i=2002}^{2008} \text{YEAR\_i} + \text{C} + \varepsilon
\end{aligned}
$$

模型4：

$$
\begin{aligned}
\text{ROE\_2} = {} & \text{STRATEGY\_CHANGE} + \text{TIE\_IN} + \text{STRATEGY\_CHANGE} \times \\
& \text{TIE\_IN} + \text{DEBT} + \text{GROWTH} + \text{DUAL} + \\
& \text{RATIO\_INDEPENDENT} + \text{STRATEGY\_COMMITTEE} + \\
& \text{YEAR\_ESTABLISH} + \text{SCALE\_BOARD} + \sum_{i=2002}^{2008} \text{YEAR\_i} + \text{C} + \varepsilon
\end{aligned}
$$

表5-7给出了连锁董事的行业内联结与战略变革的交互作用对公司绩效影响的回归结果。在4个模型的回归结果中，除了在模型3中行业内联结与战略变革的交互作用变量（STRATEGY_CHANGE×TIE_IN）的回归系数未达到10%的显著性水平以外，其他3个模型的行业内联结与战略变革的交互作用变量（STRATEGY_CHANGE×TIE_IN）的回归系数均显著为负。这在一定意义上表明，行业内联结与战略变革的交互作用对公司绩效有显著的负面影响。具体而言，当公司进行战略变革时，拥有的行业内联结数量越多，公司绩效水平越差，这支持了前文假设4A。

表5-7   行业内联结、战略变革与公司绩效的回归结果

模型	模型 1	模型 2	模型 3	模型 4
变量	ROA_1	ROA_2	ROE_1	ROE_2
STRATEGY_CHANGE	−0. 104 ***	−0. 094 ***	−0. 060 ***	−0. 083 ***
	（−21. 102）	（−18. 874）	（−9. 742）	（−13. 711）
TIE_IN	0. 018	0. 023	0. 006	0. 019
	（1. 270）	（1. 568）	（0. 352）	（1. 185）
STRATEGY_CHANGE ×TIE_IN	−0. 028 ***	−0. 027 ***	−0. 005	−0. 018 **
	（−4. 189）	（−3. 990）	（−0. 611）	（−2. 174）
DEBT	−0. 027 ***	−0. 029 ***	−0. 025 **	−0. 028 **
	（−4. 250）	（−4. 500）	（−2. 203）	（−2. 489）
GROWTH	0. 384 ***	0. 488 ***	0. 256 ***	0. 422 ***
	（16. 959）	（21. 332）	（9. 788）	（16. 449）
DUAL	0. 004	0. 008	0. 037	−0. 011
	（0. 132）	（0. 276）	（1. 185）	（−0. 375）
RATIO_INDEPENDENT	0. 005 ***	0. 005 ***	0. 003 *	0. 002
	（3. 170）	（3. 278）	（1. 794）	（1. 372）
STRATEGY_COMMITTEE	0. 011	0. 032	0. 027	0. 004
	（0. 441）	（1. 239）	（0. 935）	（0. 145）
YEAR_ESTABLISH	−0. 013 ***	−0. 018 ***	−0. 008 ***	−0. 013 ***
	（−5. 010）	（−7. 112）	（−2. 946）	（−4. 632）
SCALE_BOARD	0. 019 ***	0. 022 ***	0. 019 ***	0. 024 ***
	（4. 408）	（4. 961）	（3. 837）	（4. 906）
YEAR_2002	−0. 048	−0. 055	−0. 047	−0. 021
	（−1. 047）	（−1. 192）	（−0. 916）	（−0. 409）

续表

模型	模型 1	模型 2	模型 3	模型 4
变量	ROA_1	ROA_2	ROE_1	ROE_2
YEAR_2003	-0.126 ** (-2.324)	-0.143 *** (-2.611)	-0.106 * (-1.716)	-0.078 (-1.290)
YEAR_2004	-0.177 *** (-3.147)	-0.198 *** (-3.499)	-0.129 ** (-2.025)	-0.098 (-1.574)
YEAR_2005	-0.167 *** (-2.778)	-0.161 *** (-2.657)	-0.127 * (-1.863)	-0.094 (-1.404)
YEAR_2006	-0.150 ** (-2.467)	-0.151 ** (-2.460)	-0.135 ** (-1.961)	-0.094 (-1.394)
YEAR_2007	-0.217 *** (-3.547)	-0.233 *** (-3.782)	-0.162 ** (-2.344)	-0.126 * (-1.848)
YEAR_2008	-0.169 *** (-2.736)	-0.148 ** (-2.381)	-0.117 * (-1.680)	-0.055 (-0.805)
C	0.176 *** (5.005)	0.182 *** (5.102)	0.081 ** (2.036)	0.131 *** (3.327)
R-squared	0.124	0.131	0.030	0.070
Adjusted R-squared	0.122	0.130	0.029	0.068
F-statistic	73.334	78.513	15.962	38.048
Prob（F-statistic）	0.000	0.000	0.000	0.000
观测值	8 856	8 856	8 667	8 667

注：括号中为 t 值，*、**、*** 分别代表 0.1、0.05、0.01 的显著性水平。

为了检验连锁董事的行业外联结与战略变革的交互作用对公司绩效的影响（即假设 4B），本书建立如下 4 个计量模型：

模型 1：

ROA_1 = STRATEGY_CHANGE + TIE_OUT + STRATEGY_CHANGE × TIE_OUT + DEBT + GROWTH + DUAL + RATIO_INDEPENDENT + STRATEGY_COMMITTEE + YEAR_ESTABLISH + SCALE_BOARD + $\sum_{i=2002}^{2008}$ YEAR_i + C + ε

模型 2：

ROA_2 = STRATEGY_CHANGE + TIE_OUT + STRATEGY_CHANGE × TIE_OUT + DEBT + GROWTH + DUAL + RATIO_INDEPENDENT + STRATEGY_COMMITTEE + YEAR_ESTABLISH + SCALE_BOARD + $\sum_{i=2002}^{2008}$ YEAR_i + C + ε

模型 3：

ROE_1 = STRATEGY_CHANGE + TIE_OUT + STRATEGY_CHANGE × TIE_OUT + DEBT + GROWTH + DUAL + RATIO_INDEPENDENT + STRATEGY_COMMITTEE + YEAR_ESTABLISH + SCALE_BOARD + $\sum_{i=2002}^{2008}$ YEAR_i + C + ε

模型 4：

ROE_2 = STRATEGY_CHANGE + TIE_OUT + STRATEGY_CHANGE × TIE_OUT + DEBT + GROWTH + DUAL + RATIO_INDEPENDENT + STRATEGY_COMMITTEE + YEAR_ESTABLISH + SCALE_BOARD + $\sum_{i=2002}^{2008}$ YEAR_i + C + ε

表 5-8 给出了连锁董事的行业外联结与战略变革的交互作用对公司绩效影响的回归结果。在 4 个模型的回归结果中，行业外联结与战略变革的交互作用变量（STRATEGY_CHANGE×TIE_IN）的回归系数均显著为正。这一回归结果表明，行业外联结与战略变革的交互作用对公司绩效有显著的正向影响。具体而言，当公司进行战略变革时，拥有的行业外联结数量越多，公司绩效水平越高，这支持了前文假设 4B。

表5-8　　　行业外联结、战略变革与公司绩效的回归结果

模型	模型 1	模型 2	模型 3	模型 4
变量	ROA_1	ROA_2	ROE_1	ROE_2
STRATEGY_CHANGE	−0.100 *** (−18.130)	−0.094 *** (−16.886)	−0.080 *** (−11.401)	−0.113 *** (−16.744)
TIE_OUT	0.021 (1.573)	0.011 (0.857)	−0.016 (−1.059)	−0.023 (−1.588)
STRATEGY_CHANGE ×TIE_OUT	0.009 *** (4.198)	0.006 *** (2.831)	0.012 *** (4.169)	0.016 *** (5.960)
DEBT	−0.023 *** (−3.568)	−0.026 *** (−3.988)	−0.033 *** (−2.834)	−0.038 *** (−3.362)
GROWTH	0.384 *** (16.971)	0.488 *** (21.330)	0.257 *** (9.825)	0.423 *** (16.544)
DUAL	0.004 (0.138)	0.008 (0.288)	0.037 (1.184)	−0.011 (−0.376)
RATIO_INDEPENDENT	0.004 *** (3.054)	0.005 *** (3.189)	0.003 * (1.817)	0.002 (1.382)
STRATEGY_COMMITTEE	0.010 (0.377)	0.031 (1.203)	0.027 (0.949)	0.004 (0.149)
YEAR_ESTABLISH	−0.013 *** (−5.125)	−0.018 *** (−7.201)	−0.008 *** (−2.909)	−0.013 *** (−4.614)
SCALE_BOARD	0.009 (0.832)	0.018 (1.565)	0.022 * (1.684)	0.029 ** (2.281)
YEAR_2002	−0.043 (−0.949)	−0.052 (−1.125)	−0.050 (−0.961)	−0.023 (−0.461)
YEAR_2003	−0.121 ** (−2.227)	−0.139 ** (−2.536)	−0.106 * (−1.728)	−0.077 (−1.272)
YEAR_2004	−0.169 *** (−3.001)	−0.192 *** (−3.387)	−0.132 ** (−2.076)	−0.102 * (−1.628)
YEAR_2005	−0.160 *** (−2.661)	−0.156 ** (−2.569)	−0.129 * (−1.896)	−0.096 (−1.445)
YEAR_2006	−0.146 ** (−2.398)	−0.148 ** (−2.409)	−0.136 ** (−1.964)	−0.094 (−1.391)
YEAR_2007	−0.210 *** (−3.432)	−0.228 *** (−3.698)	−0.165 ** (−2.386)	−0.129 * (−1.899)

续表

模型	模型1	模型2	模型3	模型4
变量	ROA_1	ROA_2	ROE_1	ROE_2
YEAR_2008	−0.160 *** (−2.596)	−0.142 ** (−2.276)	−0.122 * (−1.746)	−0.060 (−0.872)
C	0.171 *** (4.843)	0.182 *** (5.089)	0.108 *** (2.677)	0.173 *** (4.383)
R-squared	0.124	0.130	0.032	0.073
Adjusted R-squared	0.122	0.129	0.030	0.071
F-statistic	73.340	77.979	16.994	39.994
Prob （F-statistic）	0.000	0.000	0.000	0.000
观测值	8 856	8 856	8 667	8 667

注：括号中为 t 值，*、**、*** 分别代表 0.1、0.05、0.01 的显著性水平。

5.5 连锁董事与多元化战略的回归结果与分析

多元化战略有如下 5 个测量指标：熵指数指标（多元化程度越大，熵指数越高）、H 指数指标（多元化程度越大，H 指数越低）、行业数目（1% 标准）指标、行业数目（5% 标准）指标、行业数目（10% 标准）指标。出于结论稳健性的考虑，本书同时使用这 5 个测量指标。

为了检验连锁董事的行业内联结对多元化战略的影响（即假设5A），本书建立如下 6 个计量模型：

模型1：

$$\text{DIVERSIFICATION\_STRATEGY} = \text{TIE\_IN} + \text{DUAL} + \text{RATIO\_INDEPENDENT} +$$
$$\text{STRATEGY\_COMMITTEE} + \text{LN\_ASSET} +$$
$$\text{YEAR\_ESTABLISH} + \text{SCALE\_BOARD} +$$
$$\sum_{i=2001}^{2010} \text{YEAR\_i} + C + \varepsilon$$

模型2：

$$\text{DIVERSIFICATION\_STRATEGY} = \text{TIE\_IN} + \text{DUAL} + \text{RATIO\_INDEPENDENT} +$$
$$\text{STRATEGY\_COMMITTEE} + \text{LN\_SALE} +$$
$$\text{YEAR\_ESTABLISH} + \text{SCALE\_BOARD} +$$
$$\sum_{i=2001}^{2010} \text{YEAR\_i} + C + \varepsilon$$

模型 3：

$$DIVERSIFICATION\_STRATEGY = TIE\_IN + DUAL + RATIO\_INDEPENDENT +$$
$$STRATEGY\_COMMITTEE + LN\_WORKER +$$
$$YEAR\_ESTABLISH + SCALE\_BOARD +$$
$$\sum_{i=2001}^{2010} YEAR\_i + C + \varepsilon$$

模型 4：

$$DIVERSIFICATION\_STRATEGY = TIE\_IN + DUAL + RATIO\_INDEPENDENT +$$
$$STRATEGY\_COMMITTEE + LN\_ASSET +$$
$$YEAR\_LISTED + SCALE\_BOARD +$$
$$\sum_{i=2001}^{2010} YEAR\_i + C + \varepsilon$$

模型 5：

$$DIVERSIFICATION\_STRATEGY = TIE\_IN + DUAL + RATIO\_INDEPENDENT +$$
$$STRATEGY\_COMMITTEE + LN\_SALE +$$
$$YEAR\_LISTED + SCALE\_BOARD +$$
$$\sum_{i=2001}^{2010} YEAR\_i + C + \varepsilon$$

模型 6：

$$DIVERSIFICATION\_STRATEGY = TIE\_IN + DUAL + RATIO\_INDEPENDENT +$$
$$STRATEGY\_COMMITTEE + LN\_WORKER +$$
$$YEAR\_LISTED + SCALE\_BOARD +$$
$$\sum_{i=2001}^{2010} YEAR\_i + C + \varepsilon$$

其中，DIVERSIFICATION_STRATEGY 分别代表熵指数（ENTROPY_INDEX）、H 指数（H_INDEX）、行业数目（1% 标准）指标（DIVERSIFICATION_NUMBER_1）、行业数目（5% 标准）指标（DIVERSIFICATION_NUMBER_5）、行业数目（10% 标准）指标（DIVERSIFICATION_NUMBER_10）。

表 5-9 给出了关于连锁董事的行业内联结对多元化战略（熵指数测量指标）影响的 6 个模型的回归结果。在以熵指数（ENTROPY_INDEX）指标作为被解释变量的 6 个模型的回归结果中，行业内联结变量（TIE_IN）的回归系数均显著为负。

表5-9   行业内联结与多元化战略（熵指数）的回归结果

变量	模型1	模型2	模型3	模型4	模型5	模型6
	被解释变量：ENTROPY_INDEX					
TIE_IN	−0.055 ***	−0.053 ***	−0.055 ***	−0.054 ***	−0.052 ***	−0.054 ***
	(−10.244)	(−9.820)	(−10.030)	(−10.065)	(−9.640)	(−9.903)
DUAL	−0.002	−0.008	−0.004	0.008	0.003	0.007
	(−0.179)	(−0.639)	(−0.348)	(0.644)	(0.239)	(0.599)
RATIO_INDEPENDENT	0.001	0.001	0.001	0.001	0.001	0.001
	(0.900)	(1.006)	(1.099)	(0.837)	(0.934)	(0.988)
STRATEGY_COMMITTEE	0.032 **	0.033 **	0.031 **	0.038 ***	0.039 ***	0.037 **
	(2.168)	(2.219)	(2.095)	(2.587)	(2.660)	(2.507)
LN_ASSET	0.012 ***			0.007 *		
	(3.254)			(1.802)		
LN_SALE		−0.005			−0.008 ***	
		(−1.553)			(−2.684)	
LN_WORKER			0.004			0.003
			(1.277)			(0.839)
YEAR_ESTABLISH	0.014 ***	0.014 ***	0.014 ***			
	(14.331)	(13.829)	(14.166)			
YEAR_LISTED				0.017 ***	0.017 ***	0.017 ***
				(17.347)	(17.266)	(17.334)
SCALE_BOARD	0.016 ***	0.017 ***	0.017 ***	0.014 ***	0.015 ***	0.014 ***
	(8.148)	(8.871)	(8.683)	(7.145)	(7.750)	(7.424)
YEAR_2001	0.025	0.026	0.029	0.028	0.029	0.032
	(0.902)	(0.949)	(1.049)	(1.017)	(1.055)	(1.157)
YEAR_2002	−0.003	−0.003	−0.002	−0.001	−0.001	0.000
	(−0.102)	(−0.084)	(−0.059)	(−0.048)	(−0.039)	(−0.005)
YEAR_2003	−0.105 ***	−0.104 ***	−0.105 ***	−0.103 ***	−0.103 ***	−0.103 ***
	(−3.068)	(−3.053)	(−3.045)	(−3.022)	(−3.020)	(−2.996)

续表

变量	模型 1	模型 2	模型 3	模型 4	模型 5	模型 6
	被解释变量：ENTROPY_INDEX					
YEAR_2004	-0.044	-0.043	-0.045	-0.040	-0.040	-0.041
	(-1.241)	(-1.220)	(-1.264)	(-1.150)	(-1.133)	(-1.165)
YEAR_2005	-0.147 ***	-0.146 ***	-0.149 ***	-0.145 ***	-0.145 ***	-0.147 ***
	(-3.978)	(-3.950)	(-4.000)	(-3.954)	(-3.941)	(-3.967)
YEAR_2006	-0.181 ***	-0.178 ***	-0.181 ***	-0.179 ***	-0.177 ***	-0.179 ***
	(-4.854)	(-4.773)	(-4.786)	(-4.837)	(-4.778)	(-4.774)
YEAR_2007	-0.201 ***	-0.196 ***	-0.199 ***	-0.199 ***	-0.195 ***	-0.198 ***
	(-5.432)	(-5.282)	(-5.315)	(-5.422)	(-5.304)	(-5.333)
YEAR_2008	-0.238 ***	-0.232 ***	-0.236 ***	-0.236 ***	-0.232 ***	-0.235 ***
	(-6.412)	(-6.242)	(-6.279)	(-6.391)	(-6.261)	(-6.293)
YEAR_2009	-0.268 ***	-0.261 ***	-0.266 ***	-0.263 ***	-0.258 ***	-0.262 ***
	(-7.220)	(-7.027)	(-7.082)	(-7.132)	(-6.999)	(-7.037)
YEAR_2010	-0.310 ***	-0.300 ***	-0.306 ***	-0.298 ***	-0.290 ***	-0.296 ***
	(-8.378)	(-8.099)	(-8.181)	(-8.124)	(-7.911)	(-7.991)
C	0.131 *	0.476 ***	0.353 ****	0.265 ***	0.558 ***	0.383 ***
	(1.620)	(7.563)	(11.168)	(3.311)	(9.058)	(12.553)
R-squared	0.054	0.053	0.053	0.062	0.062	0.062
Adjusted R-squared	0.052	0.052	0.052	0.060	0.061	0.060
F-statistic	34.319	33.829	33.563	39.699	39.944	39.317
Prob（F-statistic）	0.000	0.000	0.000	0.000	0.000	0.000
观测值	10 252	10 252	10 185	10 254	10 254	10 187

注：括号中为 t 值，* 、** 、*** 分别代表 0.1、0.05、0.01 的显著性水平。

表 5-10 给出了关于连锁董事的行业内联结对多元化战略（H 指数测量指标）影响的 6 个模型的回归结果。在以 H 指数（H_INDEX）指标作为被解释变量的 6 个模型的回归结果中，行业内联结变量（TIE_IN）的回归系数均显著为正。

表 5-10　　行业内联结与多元化战略（H 指数）的回归结果

变量	模型 1	模型 2	模型 3	模型 4	模型 5	模型 6
	被解释变量：H_INDEX					
TIE_IN	0.023 *** (5.854)	0.022 *** (5.478)	0.022 *** (5.708)	0.022 *** (5.722)	0.021 *** (5.340)	0.022 *** (5.591)
DUAL	−0.008 (−0.932)	−0.005 (−0.608)	−0.011 (−1.234)	−0.012 (−1.497)	−0.010 (−1.138)	−0.015 * (−1.817)
RATIO_INDEPENDENT	−0.001 (−1.536)	−0.001 (−1.559)	−0.001 (−1.457)	−0.001 (−1.472)	−0.001 (−1.493)	−0.001 (−1.361)
STRATEGY_COMMITTEE	−0.011 (−1.190)	−0.012 (−1.294)	−0.011 (−1.099)	−0.014 (−1.463)	−0.015 (−1.570)	−0.013 (−1.335)
LN_ASSET	0.012 *** (3.440)			0.015 *** (4.284)		
LN_SALE		0.015 *** (3.532)			0.017 *** (4.030)	
LN_WORKER			0.008 *** (3.323)			0.009 *** (3.818)
YEAR_ESTABLISH	−0.008 *** (−12.004)	−0.007 *** (−10.554)	−0.008 *** (−11.251)			
YEAR_LISTED				−0.008 *** (−11.195)	−0.008 *** (−10.659)	−0.008 *** (−10.252)
SCALE_BOARD	−0.008 *** (−4.871)	−0.009 *** (−5.492)	−0.007 *** (−4.521)	−0.007 *** (−4.295)	−0.008 *** (−4.876)	−0.006 *** (−3.870)
YEAR_2001	−0.046 (−0.762)	−0.047 (−0.778)	−0.050 (−0.808)	−0.049 (−0.799)	−0.049 (−0.812)	−0.053 (−0.843)
YEAR_2002	0.000 (0.004)	−0.001 (−0.024)	−0.004 (−0.072)	−0.002 (−0.030)	−0.003 (−0.055)	−0.007 (−0.111)
YEAR_2003	0.044 (0.739)	0.042 (0.697)	0.040 (0.638)	0.042 (0.690)	0.039 (0.652)	0.036 (0.582)

续表

变量	模型1	模型2	模型3	模型4	模型5	模型6
	被解释变量: H_INDEX					
YEAR_2004	0.094	0.089	0.089	0.090	0.085	0.084
	(1.559)	(1.477)	(1.427)	(1.488)	(1.409)	(1.348)
YEAR_2005	0.093	0.088	0.088	0.089	0.085	0.084
	(1.533)	(1.451)	(1.409)	(1.461)	(1.384)	(1.322)
YEAR_2006	0.110*	0.103*	0.105*	0.105*	0.099*	0.099
	(1.804)	(1.687)	(1.661)	(1.719)	(1.609)	(1.562)
YEAR_2007	0.085	0.077	0.081	0.080	0.073	0.076
	(1.390)	(1.259)	(1.286)	(1.300)	(1.179)	(1.188)
YEAR_2008	0.097	0.090	0.094	0.092	0.084	0.088
	(1.583)	(1.447)	(1.482)	(1.479)	(1.355)	(1.369)
YEAR_2009	0.098	0.091	0.095	0.090	0.084	0.087
	(1.588)	(1.473)	(1.503)	(1.454)	(1.358)	(1.362)
YEAR_2010	0.132**	0.124*	0.130**	0.121*	0.114*	0.120*
	(2.083)	(1.929)	(2.010)	(1.908)	(1.782)	(1.836)
C	0.561***	0.508***	0.754***	0.488***	0.458***	0.729***
	(9.526)	(5.422)	(13.197)	(8.351)	(5.130)	(13.134)
R-squared	0.013	0.015	0.013	0.014	0.016	0.014
Adjusted R-squared	0.012	0.013	0.011	0.013	0.014	0.012
F-statistic	8.336	9.316	8.080	8.932	10.008	8.460
Prob (F-statistic)	0.000	0.000	0.000	0.000	0.000	0.000
观测值	10 537	10 538	10 470	10 539	10 540	10 472

注: 括号中为 t 值, *、**、*** 分别代表 0.1、0.05、0.01 的显著性水平。

表 5-11 给出了关于连锁董事的行业内联结对多元化战略 (行业数目——1%标准的测量指标) 影响的 6 个模型的回归结果。在以行业数目——1%标准 (DIVERSIFICATION_NUMBER_1) 指标作为被解释变量的 6 个模型的回归结果中, 行业内联结 (TIE_IN) 变量的回归系数均显著为负。

表5-11 行业内联结与多元化战略（行业数目——1%标准）的回归结果

变量	模型1	模型2	模型3	模型4	模型5	模型6
	被解释变量：DIVERSIFICATION_NUMBER_1					
TIE_IN	−0.190 ***	−0.190 ***	−0.186 ***	−0.187 ***	−0.186 ***	−0.183 ***
	(−10.742)	(−10.704)	(−10.435)	(−10.584)	(−10.515)	(−10.315)
DUAL	−0.024	−0.040	−0.058	0.007	−0.007	−0.020
	(−0.634)	(−1.065)	(−1.534)	(0.192)	(−0.176)	(−0.536)
RATIO_INDEPENDENT	−0.001	0.000	0.001	−0.001	0.000	0.000
	(−0.232)	(−0.099)	(0.260)	(−0.311)	(−0.190)	(0.140)
STRATEGY_COMMITTEE	0.113 **	0.111 **	0.112 **	0.131 ***	0.131 ***	0.132 ***
	(2.368)	(2.327)	(2.349)	(2.771)	(2.758)	(2.774)
LN_ASSET	0.140 ***			0.123 ***		
	(11.673)			(10.262)		
LN_SALE		0.077 ***			0.065 ***	
		(8.318)			(7.129)	
LN_WORKER			0.057 ***			0.052 ***
			(5.644)			(5.206)
YEAR_ESTABLISH	0.048 ***	0.048 ***	0.048 ***			
	(15.150)	(15.165)	(15.077)			
YEAR_LISTED				0.054 ***	0.055 ***	0.057 ***
				(17.368)	(17.781)	(18.004)
SCALE_BOARD	0.052 ***	0.056 ***	0.063 ***	0.046 ***	0.050 ***	0.055 ***
	(8.517)	(9.190)	(10.322)	(7.527)	(8.075)	(8.985)
YEAR_2001	0.165 *	0.164 *	0.179 **	0.177 **	0.176 **	0.190 **
	(1.899)	(1.876)	(2.039)	(2.034)	(2.013)	(2.166)
YEAR_2002	0.167 *	0.158	0.158	0.177 *	0.168 *	0.166 *
	(1.645)	(1.550)	(1.531)	(1.745)	(1.653)	(1.616)
YEAR_2003	−0.164	−0.176 *	−0.184 *	−0.153	−0.165	−0.176
	(−1.505)	(−1.607)	(−1.663)	(−1.411)	(−1.515)	(−1.593)

续表

变量	模型 1	模型 2	模型 3	模型 4	模型 5	模型 6
	被解释变量: DIVERSIFICATION_NUMBER_1					
YEAR_2004	0.221 *	0.198 *	0.197 *	0.239 **	0.217 *	0.213 *
	(1.949)	(1.735)	(1.712)	(2.114)	(1.914)	(1.856)
YEAR_2005	−0.238 **	−0.261 **	−0.268 **	−0.224 *	−0.246 **	−0.257 **
	(−2.010)	(−2.192)	(−2.227)	(−1.899)	(−2.081)	(−2.152)
YEAR_2006	−0.363 ***	−0.388 ***	−0.382 ***	−0.346 ***	−0.371 ***	−0.371 ***
	(−3.014)	(−3.209)	(−3.123)	(−2.888)	(−3.084)	(−3.054)
YEAR_2007	−0.477 ***	−0.496 ***	−0.473 ***	−0.458 ***	−0.477 ***	−0.464 ***
	(−4.013)	(−4.151)	(−3.923)	(−3.870)	(−4.018)	(−3.869)
YEAR_2008	−0.614 ***	−0.631 ***	−0.605 ***	−0.593 ***	−0.611 ***	−0.595 ***
	(−5.138)	(−5.251)	(−4.992)	(−4.979)	(−5.109)	(−4.935)
YEAR_2009	−0.770 ***	−0.775 ***	−0.758 ***	−0.740 ***	−0.747 ***	−0.740 ***
	(−6.501)	(−6.506)	(−6.300)	(−6.281)	(−6.320)	(−6.200)
YEAR_2010	−0.843 ***	−0.844 ***	−0.813 ***	−0.790 ***	−0.794 ***	−0.775 ***
	(−7.122)	(−7.094)	(−6.773)	(−6.730)	(−6.736)	(−6.517)
C	−0.892 ***	0.502 **	1.617 ***	−0.447 *	0.811 ***	1.729 ***
	(−3.428)	(2.526)	(15.792)	(−1.736)	(4.174)	(17.558)
R-squared	0.072	0.065	0.063	0.077	0.072	0.071
Adjusted R-squared	0.070	0.064	0.061	0.076	0.071	0.069
F-statistic	48.406	43.899	41.798	52.552	48.851	47.481
Prob（F-statistic）	0.0000	0.000	0.000	0.000	0.000	0.000
观测值	10 701	10 702	10 631	10 703	10 704	10 633

注：括号中为 t 值，*、**、*** 分别代表 0.1、0.05、0.01 的显著性水平。

表 5-12 给出了关于连锁董事的行业内联结对多元化战略（行业数目——5%标准的测量指标）影响的 6 个模型的回归结果。在以行业数目——5%标准（DIVERSIFICATION_NUMBER_5）指标作为被解释变量的 6 个模型的回归结果中，行业内联结（TIE_IN）变量的回归系数均显著为负。

表5-12　行业内联结与多元化战略（行业数目——5％标准）的回归结果

变量	模型1	模型2	模型3	模型4	模型5	模型6
	被解释变量：DIVERSIFICATION_NUMBER_5					
TIE_IN	−0.120 ***	−0.115 ***	−0.120 ***	−0.117 ***	−0.112 ***	−0.117 ***
	(−9.074)	(−8.771)	(−9.058)	(−8.895)	(−8.580)	(−8.911)
DUAL	0.016	0.000	0.004	0.037	0.023	0.030
	(0.548)	(0.000)	(0.150)	(1.302)	(0.809)	(1.044)
RATIO_INDEPENDENT	−0.001	0.000	0.000	−0.001	0.000	0.000
	(−0.288)	(−0.178)	(0.102)	(−0.354)	(−0.250)	(−0.004)
STRATEGY_COMMITTEE	0.096 ***	0.097 ***	0.094 ***	0.108 ***	0.111 ***	0.107 ***
	(2.647)	(2.675)	(2.581)	(3.015)	(3.068)	(2.958)
LN_ASSET	0.061 ***			0.049 ***		
	(6.296)			(5.112)		
LN_SALE		0.012 *			0.005	
		(1.626)			(0.708)	
LN_WORKER			0.034 ***			0.031 ***
			(4.310)			(3.962)
YEAR_ESTABLISH	0.031 ***	0.030 ***	0.032 ***			
	(12.720)	(12.339)	(12.833)			
YEAR_LISTED				0.036 ***	0.037 ***	0.038 ***
				(15.364)	(15.468)	(15.845)
SCALE_BOARD	0.036 ***	0.040 ***	0.040 ***	0.032 ***	0.035 ***	0.035 ***
	(7.354)	(8.129)	(8.350)	(6.471)	(7.132)	(7.203)
YEAR_2001	0.115 *	0.117 *	0.128 *	0.122 *	0.123 *	0.134 *
	(1.648)	(1.677)	(1.810)	(1.744)	(1.767)	(1.904)
YEAR_2002	0.074	0.074	0.072	0.079	0.078	0.077
	(0.942)	(0.934)	(0.906)	(1.003)	(0.984)	(0.964)
YEAR_2003	−0.135 *	−0.136 *	−0.144 *	−0.131	−0.133	−0.139 *
	(−1.616)	(−1.623)	(−1.691)	(−1.567)	(−1.589)	(−1.645)

续表

变量	模型 1	模型 2	模型 3	模型 4	模型 5	模型 6
	被解释变量：DIVERSIFICATION_NUMBER_5					
YEAR_2004	0.065	0.062	0.054	0.074	0.070	0.063
	(0.751)	(0.713)	(0.619)	(0.854)	(0.809)	(0.722)
YEAR_2005	-0.202 **	-0.204 **	-0.218 **	-0.197 **	-0.201 **	-0.214 **
	(-2.218)	(-2.243)	(-2.372)	(-2.172)	(-2.217)	(-2.330)
YEAR_2006	-0.293 ***	-0.293 ***	-0.300 ***	-0.287 ***	-0.289 ***	-0.295 ***
	(-3.196)	(-3.184)	(-3.222)	(-3.148)	(-3.164)	(-3.193)
YEAR_2007	-0.377 ***	-0.371 ***	-0.377 ***	-0.371 ***	-0.367 ***	-0.374 ***
	(-4.165)	(-4.077)	(-4.110)	(-4.114)	(-4.064)	(-4.101)
YEAR_2008	-0.467 ***	-0.459 ***	-0.464 ***	-0.460 ***	-0.455 ***	-0.461 ***
	(-5.115)	(-5.008)	(-5.020)	(-5.063)	(-5.003)	(-5.016)
YEAR_2009	-0.545 ***	-0.531 ***	-0.542 ***	-0.532 ***	-0.523 ***	-0.534 ***
	(-5.991)	(-5.822)	(-5.890)	(-5.890)	(-5.785)	(-5.846)
YEAR_2010	-0.639 ***	-0.619 ***	-0.630 ***	-0.612 ***	-0.597 ***	-0.609 ***
	(-7.055)	(-6.808)	(-6.867)	(-6.820)	(-6.642)	(-6.703)
C	0.502 **	1.530 ***	1.515 ***	0.786 ***	1.709 ***	1.583 ***
	(2.397)	(9.515)	(18.881)	(3.788)	(10.838)	(20.466)
R-squared	0.051	0.047	0.049	0.056	0.054	0.056
Adjusted R-squared	0.049	0.046	0.047	0.055	0.052	0.054
F-statistic	33.594	31.011	31.978	37.565	35.723	36.676
Prob（F-statistic）	0.000	0.000	0.000	0.000	0.000	0.000
观测值	10 695	10 696	10 625	10 697	10 698	10 627

注：括号中为 t 值，＊、＊＊、＊＊＊分别代表 0.1、0.05、0.01 的显著性水平。

表 5-13 给出了关于连锁董事的行业内联结对多元化战略（行业数目——10% 标准的测量指标）影响的 6 个模型的回归结果。在以行业数目——10% 标准（DIVERSIFICATION_NUMBER_10）指标作为被解释变量的 6 个模型的回归结果中，行业内联结变量（TIE_IN）的回归系数均显著为负。

表5-13 行业内联结与多元化战略（行业数目——10%标准）的回归结果

变量	模型1	模型2	模型3	模型4	模型5	模型6
	被解释变量：DIVERSIFICATION_NUMBER_10					
TIE_IN	-0.083 ***	-0.080 ***	-0.085 ***	-0.081 ***	-0.077 ***	-0.083 ***
	(-7.984)	(-7.633)	(-8.099)	(-7.809)	(-7.459)	(-7.959)
DUAL	-0.008	-0.017	-0.009	0.008	-0.001	0.009
	(-0.347)	(-0.800)	(-0.402)	(0.365)	(-0.044)	(0.414)
RATIO_INDEPENDENT	0.000	0.000	0.000	0.000	0.000	0.000
	(0.131)	(0.203)	(0.342)	(0.087)	(0.154)	(0.260)
STRATEGY_COMMITTEE	0.046 *	0.048 *	0.044	0.055 *	0.057 **	0.053 *
	(1.625)	(1.679)	(1.532)	(1.951)	(2.020)	(1.851)
LN_ASSET	0.018 **			0.011		
	(2.316)			(1.388)		
LN_SALE		-0.009			-0.013 **	
		(-1.458)			(-2.123)	
LN_WORKER			0.020 ***			0.018 ***
			(3.175)			(2.943)
YEAR_ESTABLISH	0.020 ***	0.019 ***	0.020 ***			
	(10.336)	(9.888)	(10.540)			
YEAR_LISTED				0.025 ***	0.024 ***	0.025 ***
				(13.303)	(13.255)	(13.588)
SCALE_BOARD	0.027 ***	0.029 ***	0.028 ***	0.024 ***	0.026 ***	0.024 ***
	(7.161)	(7.823)	(7.616)	(6.294)	(6.857)	(6.552)
YEAR_2001	0.072	0.074	0.072	0.076	0.077	0.076
	(1.339)	(1.381)	(1.324)	(1.405)	(1.439)	(1.393)
YEAR_2002	0.084	0.086	0.077	0.085	0.086	0.079
	(1.376)	(1.403)	(1.247)	(1.393)	(1.410)	(1.273)

续表

变量	模型 1	模型 2	模型 3	模型 4	模型 5	模型 6
	被解释变量：DIVERSIFICATION_NUMBER_10					
YEAR_2003	−0.092 (−1.393)	−0.090 (−1.361)	−0.102 (−1.522)	−0.092 (−1.399)	−0.091 (−1.382)	−0.101 (−1.515)
YEAR_2004	0.057 (0.840)	0.060 (0.884)	0.046 (0.668)	0.059 (0.870)	0.061 (0.905)	0.049 (0.715)
YEAR_2005	−0.130 * (−1.821)	−0.126 * (−1.776)	−0.144 ** (−1.986)	−0.132 * (−1.853)	−0.130 * (−1.828)	−0.144 ** (−1.999)
YEAR_2006	−0.186 *** (−2.587)	−0.179 ** (−2.495)	−0.196 *** (−2.687)	−0.189 *** (−2.634)	−0.184 ** (−2.568)	−0.197 *** (−2.721)
YEAR_2007	−0.253 *** (−3.548)	−0.242 *** (−3.393)	−0.261 *** (−3.608)	−0.255 *** (−3.607)	−0.247 *** (−3.488)	−0.263 *** (−3.670)
YEAR_2008	−0.313 *** (−4.392)	−0.301 *** (−4.222)	−0.320 *** (−4.429)	−0.316 *** (−4.462)	−0.307 *** (−4.336)	−0.324 *** (−4.506)
YEAR_2009	−0.362 *** (−5.100)	−0.348 *** (−4.906)	−0.372 *** (−5.161)	−0.362 *** (−5.141)	−0.352 *** (−5.006)	−0.372 *** (−5.213)
YEAR_2010	−0.425 *** (−5.983)	−0.406 *** (−5.716)	−0.433 *** (−5.999)	−0.415 *** (−5.911)	−0.401 *** (−5.709)	−0.425 *** (−5.952)
C	1.181 *** (6.876)	1.749 *** (13.309)	1.420 *** (22.630)	1.355 *** (7.895)	1.847 *** (14.224)	1.455 *** (23.824)
R-squared	0.039	0.038	0.039	0.044	0.045	0.045
Adjusted R-squared	0.037	0.037	0.038	0.043	0.043	0.044
F-statistic	25.342	25.099	25.533	29.215	29.402	29.566
Prob（F-statistic）	0.000	0.000	0.000	0.000	0.000	0.000
观测值	10 689	10 690	10 620	10 691	10 692	10 622

注：括号中为 t 值，*、**、*** 分别代表0.1、0.05、0.01 的显著性水平。

　　为了检验连锁董事的行业内联结对多元化战略的影响，前文分别以熵指数（ENTROPY_INDEX）、H 指数（H_INDEX）、行业数目（1% 标准）指标（DIVERSIFICATION_NUMBER_1）、行业数目（5% 标准）指标（DIVERSIFICATION_NUMBER_5）、行业数目（10% 标准）指标（DIVERSIFICATION_NUMBER_10）作为多元化战略（DIVERSIFICATION_STRATEGY）的测量指标，并在所有回归结果（表 5-9 至表 5-13）中，行业内联结变量（TIE_IN）的回归系数均显著为负（H 指数为正）。这些结果表明，行业内联结对多元化战略有显著的负面影响。具体而言，公司拥有越多的行业内联结数量，其采用多元化战略可能性越低。这一结果支持了前文假设 5A。

　　为了检验连锁董事的行业外联结对多元化战略的影响（即假设 5B），本书建立如下 6 个计量模型：

　　模型 1：

$$DIVERSIFICATION\_STRATEGY = TIE\_OUT + DUAL + RATIO\_INDEPENDENT + \\ STRATEGY\_COMMITTEE + LN\_ASSET + \\ YEAR\_ESTABLISH + SCALE\_BOARD + \\ \sum_{i=2001}^{2010} YEAR\_i + C + \varepsilon$$

　　模型 2：

$$DIVERSIFICATION\_STRATEGY = TIE\_OUT + DUAL + RATIO\_INDEPENDENT + \\ STRATEGY\_COMMITTEE + LN\_SALE + \\ YEAR\_ESTABLISH + SCALE\_BOARD + \\ \sum_{i=2001}^{2010} YEAR\_i + C + \varepsilon$$

　　模型 3：

$$DIVERSIFICATION\_STRATEGY = TIE\_OUT + DUAL + RATIO\_INDEPENDENT + \\ STRATEGY\_COMMITTEE + LN\_WORKER + \\ YEAR\_ESTABLISH + SCALE\_BOARD + \\ \sum_{i=2001}^{2010} YEAR\_i + C + \varepsilon$$

模型4：

$$
\begin{aligned}
DIVERSIFICATION\_STRATEGY = {} & TIE\_OUT + DUAL + RATIO\_INDEPENDENT + \\
& STRATEGY\_COMMITTEE + LN\_ASSET + \\
& YEAR\_LISTED + SCALE\_BOARD + \\
& \sum_{i=2001}^{2010} YEAR\_i + C + \varepsilon
\end{aligned}
$$

模型5：

$$
\begin{aligned}
DIVERSIFICATION\_STRATEGY = {} & TIE\_OUT + DUAL + RATIO\_INDEPENDENT + \\
& STRATEGY\_COMMITTEE + LN\_SALE + \\
& YEAR\_LISTED + SCALE\_BOARD + \\
& \sum_{i=2001}^{2010} YEAR\_i + C + \varepsilon
\end{aligned}
$$

模型6：

$$
\begin{aligned}
DIVERSIFICATION\_STRATEGY = {} & TIE\_OUT + DUAL + RATIO\_INDEPENDENT + \\
& STRATEGY\_COMMITTEE + LN\_WORKER + \\
& YEAR\_LISTED + SCALE\_BOARD + \\
& \sum_{i=2001}^{2010} YEAR\_i + C + \varepsilon
\end{aligned}
$$

其中，DIVERSIFICATION_STRATEGY 分别代表熵指数（ENTROPY_INDEX）、H 指数（H_INDEX）、行业数目（1% 标准）指标（DIVERSIFICATION_NUMBER_1）、行业数目（5% 标准）指标（DIVERSIFICATION_NUMBER_5）、行业数目（10% 标准）指标（DIVERSIFICATION_NUMBER_10）。

表 5-14 给出了关于连锁董事的行业外联结对多元化战略（熵指数测量指标）影响的 6 个模型的回归结果。在以熵指数（ENTROPY_INDEX）指标作为被解释变量的 6 个模型的回归结果中，行业外联结变量（TIE_OUT）的回归系数均显著为正。

表 5-15 给出了关于连锁董事的行业外联结对多元化战略（H 指数测量指标）影响的 6 个模型的回归结果。在以 H 指数（H_INDEX）指标作为被解释变量的 6 个模型的回归结果中，行业外联结变量（TIE_OUT）的回归系数均显著为负。

表5-14　　行业外联结与多元化战略（熵指数）的回归结果

变量	模型1	模型2	模型3	模型4	模型5	模型6
	被解释变量：ENTROPY_INDEX					
TIE_OUT	0.055 ***	0.053 ***	0.054 ***	0.054 ***	0.052 ***	0.053 ***
	(10.115)	(9.754)	(9.949)	(9.965)	(9.596)	(9.834)
DUAL	−0.003	−0.008	−0.005	0.007	0.003	0.006
	(−0.248)	(−0.677)	(−0.419)	(0.585)	(0.214)	(0.537)
RATIO_INDEPENDENT	0.000	0.001	0.001	0.000	0.001	0.001
	(0.394)	(0.737)	(0.737)	(0.443)	(0.762)	(0.685)
STRATEGY_COMMITTEE	0.034 **	0.034 **	0.032 **	0.039 ***	0.040 ***	0.038 **
	(2.300)	(2.283)	(2.193)	(2.686)	(2.698)	(2.587)
LN_ASSET	0.014 ***			0.008 **		
	(3.662)			(2.142)		
LN_SALE		−0.004			−0.007 **	
		(−1.292)			(−2.484)	
LN_WORKER			0.005			0.003
			(1.558)			(1.082)
YEAR_ESTABLISH	0.014 ***	0.014 ***	0.014 ***			
	(14.196)	(13.774)	(14.100)			
YEAR_LISTED				0.017 ***	0.017 ***	0.017 ***
				(17.177)	(17.197)	(17.259)
SCALE_BOARD	−0.039 ***	−0.035 ***	−0.037 ***	−0.039 ***	−0.036 ***	−0.039 ***
	(−8.074)	(−7.405)	(−7.765)	(−8.299)	(−7.666)	(−8.112)
YEAR_2001	0.026	0.027	0.030	0.029	0.029	0.033
	(0.953)	(0.973)	(1.085)	(1.055)	(1.069)	(1.186)
YEAR_2002	0.006	0.002	0.004	0.005	0.001	0.005
	(0.181)	(0.056)	(0.135)	(0.170)	(0.046)	(0.156)

续表

变量	模型 1	模型 2	模型 3	模型 4	模型 5	模型 6
	被解释变量：ENTROPY_INDEX					
YEAR_2003	-0.094 ***	-0.099 ***	-0.097 ***	-0.094 ***	-0.100 ***	-0.097 ***
	(-2.706)	(-2.853)	(-2.781)	(-2.734)	(-2.883)	(-2.770)
YEAR_2004	-0.033	-0.038	-0.038	-0.032	-0.037	-0.035
	(-0.930)	(-1.063)	(-1.047)	(-0.907)	(-1.033)	(-0.983)
YEAR_2005	-0.137 ***	-0.141 ***	-0.143 ***	-0.138 ***	-0.142 ***	-0.142 ***
	(-3.680)	(-3.788)	(-3.785)	(-3.714)	(-3.829)	(-3.783)
YEAR_2006	-0.172 ***	-0.174 ***	-0.174 ***	-0.172 ***	-0.175 ***	-0.174 ***
	(-4.568)	(-4.616)	(-4.580)	(-4.604)	(-4.665)	(-4.595)
YEAR_2007	-0.192 ***	-0.192 ***	-0.193 ***	-0.193 ***	-0.193 ***	-0.193 ***
	(-5.159)	(-5.133)	(-5.110)	(-5.198)	(-5.196)	(-5.154)
YEAR_2008	-0.230 ***	-0.229 ***	-0.230 ***	-0.230 ***	-0.229 ***	-0.230 ***
	(-6.159)	(-6.103)	(-6.088)	(-6.184)	(-6.160)	(-6.126)
YEAR_2009	-0.261 ***	-0.258 ***	-0.261 ***	-0.257 ***	-0.256 ***	-0.258 ***
	(-6.985)	(-6.894)	(-6.900)	(-6.939)	(-6.901)	(-6.878)
YEAR_2010	-0.303 ***	-0.297 ***	-0.301 ***	-0.293 ***	-0.288 ***	-0.292 ***
	(-8.149)	(-7.967)	(-7.997)	(-7.937)	(-7.813)	(-7.831)
C	0.137 *	0.485 ***	0.378 ***	0.269 ***	0.564 ***	0.404 ***
	(1.692)	(7.630)	(10.608)	(3.356)	(9.052)	(11.640)
R-squared	0.054	0.053	0.053	0.062	0.062	0.062
Adjusted R-squared	0.053	0.052	0.052	0.060	0.061	0.060
F-statistic	32.680	32.015	31.834	37.652	37.747	37.227
Prob（F-statistic）	0.000	0.000	0.000	0.000	0.000	0.000
观测值	10 252	10 252	10 185	10 254	10 254	10 187

注：括号中为 t 值，*、**、*** 分别代表 0.1、0.05、0.01 的显著性水平。

表 5-15 　　行业外联结与多元化战略（H 指数）的回归结果

变量	模型 1	模型 2	模型 3	模型 4	模型 5	模型 6
	被解释变量：H_INDEX					
TIE_OUT	−0.023 ***	−0.021 ***	−0.022 ***	−0.022 ***	−0.021 ***	−0.022 ***
	(−5.697)	(−5.368)	(−5.566)	(−5.582)	(−5.244)	(−5.455)
DUAL	−0.007	−0.005	−0.010	−0.012	−0.009	−0.014 *
	(−0.877)	(−0.567)	(−1.165)	(−1.456)	(−1.115)	(−1.768)
RATIO_INDEPENDENT	−0.001	−0.001	−0.001	−0.001	−0.001	0.000
	(−0.994)	(−1.130)	(−0.908)	(−0.995)	(−1.119)	(−0.844)
STRATEGY_COMMITTEE	−0.013	−0.013	−0.012	−0.015	−0.016 *	−0.014
	(−1.324)	(−1.392)	(−1.247)	(−1.573)	(−1.651)	(−1.471)
LN_ASSET	0.011 ***			0.013 ***		
	(3.441)			(4.450)		
LN_SALE		0.014 ***			0.016 ***	
		(3.275)			(3.770)	
LN_WORKER			0.007 ***			0.008 ***
			(2.998)			(3.559)
YEAR_ESTABLISH	−0.008 ***	−0.007 ***	−0.008 ***			
	(−11.614)	(−10.384)	(−11.012)			
YEAR_LISTED				−0.008 ***	−0.008 ***	−0.008 ***
				(−10.502)	(−10.073)	(−9.811)
SCALE_BOARD	0.014 ***	0.012 ***	0.014 ***	0.014 ***	0.013 ***	0.015 ***
	(3.748)	(3.417)	(3.940)	(3.759)	(3.454)	(3.974)
YEAR_2001	−0.047	−0.048	−0.052	−0.049	−0.050	−0.054
	(−0.770)	(−0.781)	(−0.815)	(−0.804)	(−0.813)	(−0.849)
YEAR_2002	−0.006	−0.007	−0.011	−0.008	−0.008	−0.013
	(−0.099)	(−0.100)	(−0.170)	(−0.117)	(−0.117)	(−0.199)
YEAR_2003	0.036	0.036	0.031	0.034	0.034	0.028
	(0.542)	(0.535)	(0.451)	(0.513)	(0.507)	(0.408)

续表

变量	模型 1	模型 2	模型 3	模型 4	模型 5	模型 6
	被解释变量：H_INDEX					
YEAR_2004	0.086	0.083	0.081	0.083	0.080	0.077
	(1.293)	(1.254)	(1.178)	(1.244)	(1.203)	(1.112)
YEAR_2005	0.085	0.083	0.081	0.083	0.080	0.077
	(1.295)	(1.252)	(1.186)	(1.241)	(1.201)	(1.113)
YEAR_2006	0.103	0.098	0.098	0.099	0.095	0.093
	(1.558)	(1.485)	(1.432)	(1.491)	(1.421)	(1.347)
YEAR_2007	0.078	0.073	0.074	0.074	0.069	0.069
	(1.191)	(1.102)	(1.094)	(1.119)	(1.035)	(1.009)
YEAR_2008	0.091	0.085	0.088	0.086	0.081	0.082
	(1.389)	(1.293)	(1.294)	(1.302)	(1.213)	(1.194)
YEAR_2009	0.092	0.087	0.089	0.085	0.081	0.082
	(1.410)	(1.327)	(1.325)	(1.293)	(1.224)	(1.198)
YEAR_2010	0.127 *	0.120 *	0.125 *	0.117 *	0.111	0.114 *
	(1.891)	(1.777)	(1.814)	(1.734)	(1.641)	(1.654)
C	0.557 ***	0.497 ***	0.726 ***	0.484 ***	0.449 ***	0.703 ***
	(9.604)	(5.679)	(18.575)	(8.418)	(5.412)	(18.907)
R-squared	0.014	0.015	0.013	0.014	0.016	0.014
Adjusted R-squared	0.012	0.013	0.012	0.013	0.014	0.012
F-statistic	8.022	8.888	7.800	8.547	9.517	8.140
Prob（F-statistic）	0.000	0.000	0.000	0.000	0.000	0.000
观测值	10 537	10 538	10 470	10 539	10 540	10 472

注：括号中为 t 值，*、**、*** 分别代表 0.1、0.05、0.01 的显著性水平。

表 5-16 给出了关于连锁董事的行业外联结对多元化战略（行业数目——1%标准的测量指标）影响的 6 个模型的回归结果。在以行业数目——1%标准（DIVERSIFICATION_NUMBER_1）指标作为被解释变量的 6 个模型的回归结果中，行业外联结（TIE_OUT）变量的回归系数均显著为正。

表5-16 行业外联结与多元化战略（行业数目——1%标准）的回归结果

变量	模型1	模型2	模型3	模型4	模型5	模型6
	被解释变量：DIVERSIFICATION_NUMBER_1					
TIE_OUT	0.188 ***	0.189 ***	0.186 ***	0.185 ***	0.185 ***	0.183 ***
	(10.619)	(10.635)	(10.402)	(10.484)	(10.464)	(10.293)
DUAL	-0.027	-0.042	-0.059	0.005	-0.008	-0.021
	(-0.709)	(-1.111)	(-1.563)	(0.124)	(-0.212)	(-0.554)
RATIO_INDEPENDENT	-0.002	-0.001	0.000	-0.002	-0.001	0.000
	(-0.732)	(-0.380)	(0.117)	(-0.711)	(-0.383)	(0.055)
STRATEGY_COMMITTEE	0.119 **	0.114 **	0.114 **	0.136 ***	0.133 ***	0.133 ***
	(2.508)	(2.403)	(2.388)	(2.880)	(2.811)	(2.798)
LN_ASSET	0.147 ***			0.128 ***		
	(11.844)			(10.376)		
LN_SALE		0.079 ***			0.067 ***	
		(8.384)			(7.144)	
LN_WORKER			0.058 ***			0.053 ***
			(5.624)			(5.150)
YEAR_ESTABLISH	0.047 ***	0.048 ***	0.048 ***			
	(14.996)	(15.092)	(15.039)			
YEAR_LISTED				0.053 ***	0.055 ***	0.056 ***
				(17.167)	(17.686)	(17.954)
SCALE_BOARD	-0.135 ***	-0.132 ***	-0.122 ***	-0.138 ***	-0.134 ***	-0.127 ***
	(-8.626)	(-8.387)	(-7.783)	(-8.845)	(-8.617)	(-8.153)
YEAR_2001	0.170 *	0.167 *	0.181 **	0.181 **	0.178 **	0.191 **
	(1.955)	(1.906)	(2.051)	(2.078)	(2.033)	(2.171)
YEAR_2002	0.198 *	0.176 *	0.166	0.202 **	0.180 *	0.171
	(1.921)	(1.694)	(1.585)	(1.963)	(1.746)	(1.638)
YEAR_2003	-0.126	-0.155	-0.174	-0.122	-0.150	-0.170
	(-1.130)	(-1.386)	(-1.538)	(-1.105)	(-1.354)	(-1.507)

续表

变量	模型1	模型2	模型3	模型4	模型5	模型6
	被解释变量：DIVERSIFICATION_NUMBER_1					
YEAR_2004	0.258 **	0.218 *	0.207 *	0.268 **	0.231 **	0.218 *
	(2.237)	(1.882)	(1.766)	(2.339)	(2.008)	(1.876)
YEAR_2005	-0.204 *	-0.242 **	-0.259 **	-0.197 *	-0.233 *	-0.252 **
	(-1.702)	(-2.012)	(-2.121)	(-1.646)	(-1.948)	(-2.077)
YEAR_2006	-0.331 ***	-0.371 ***	-0.374 ***	-0.320 ***	-0.359 ***	-0.366 ***
	(-2.715)	(-3.031)	(-3.011)	(-2.639)	(-2.948)	(-2.971)
YEAR_2007	-0.447 ***	-0.480 ***	-0.465 ***	-0.434 ***	-0.466 ***	-0.459 ***
	(-3.721)	(-3.976)	(-3.804)	(-3.625)	(-3.883)	(-3.778)
YEAR_2008	-0.587 ***	-0.617 ***	-0.598 ***	-0.571 ***	-0.601 ***	-0.591 ***
	(-4.862)	(-5.083)	(-4.872)	(-4.745)	(-4.976)	(-4.840)
YEAR_2009	-0.746 ***	-0.762 ***	-0.751 ***	-0.720 ***	-0.738 ***	-0.736 ***
	(-6.235)	(-6.338)	(-6.174)	(-6.054)	(-6.185)	(-6.099)
YEAR_2010	-0.819 ***	-0.832 ***	-0.806 ***	-0.771 ***	-0.786 ***	-0.771 ***
	(-6.856)	(-6.925)	(-6.639)	(-6.505)	(-6.601)	(-6.411)
C	-0.871 ***	0.538 ***	1.650 ***	-0.433 *	0.835 ***	1.749 ***
	(-3.348)	(2.679)	(14.382)	(-1.682)	(4.256)	(15.705)
R-squared	0.072	0.065	0.063	0.077	0.072	0.071
Adjusted R-squared	0.070	0.064	0.061	0.076	0.071	0.069
F-statistic	46.035	41.560	39.496	49.839	46.184	44.847
Prob (F-statistic)	0.000	0.000	0.000	0.000	0.000	0.000
观测值	10 701	10 702	10 631	10 703	10 704	10 633

注：括号中为 t 值，*、**、*** 分别代表 0.1、0.05、0.01 的显著性水平。

表5-17 给出了关于连锁董事的行业外联结对多元化战略（行业数目——5%标准的测量指标）影响的 6 个模型的回归结果。在以行业数目——5%标准（DIVERSIFICATION_NUMBER_5）指标作为被解释变量的 6 个模型的回归结果中，行业外联结变量（TIE_OUT）的回归系数均显著为正。

表 5-17　行业外联结与多元化战略（行业数目——5％标准）的回归结果

变量	模型1	模型2	模型3	模型4	模型5	模型6
	被解释变量：DIVERSIFICATION_NUMBER_5					
TIE_OUT	0.118***	0.115***	0.119***	0.116***	0.112***	0.117***
	(8.959)	(8.714)	(8.992)	(8.801)	(8.539)	(8.853)
DUAL	0.014	-0.001	0.003	0.036	0.023	0.029
	(0.481)	(-0.031)	(0.088)	(1.242)	(0.789)	(0.990)
RATIO_INDEPENDENT	-0.001	-0.001	0.000	-0.001	-0.001	0.000
	(-0.753)	(-0.371)	(-0.189)	(-0.722)	(-0.358)	(-0.242)
STRATEGY_COMMITTEE	0.100***	0.099***	0.097***	0.112***	0.112***	0.109***
	(2.780)	(2.733)	(2.669)	(3.120)	(3.103)	(3.031)
LN_ASSET	0.065***			0.053***		
	(6.608)			(5.358)		
LN_SALE		0.014*			0.006	
		(1.778)			(0.801)	
LN_WORKER			0.036***			0.032***
			(4.491)			(4.108)
YEAR_ESTABLISH	0.031***	0.030***	0.032***			
	(12.567)	(12.275)	(12.759)			
YEAR_LISTED				0.036***	0.037***	0.038***
				(15.156)	(15.377)	(15.755)
SCALE_BOARD	-0.082***	-0.075***	-0.078***	-0.084***	-0.077***	-0.081***
	(-7.022)	(-6.442)	(-6.735)	(-7.203)	(-6.653)	(-7.031)
YEAR_2001	0.119*	0.118*	0.130*	0.125*	0.124*	0.136*
	(1.698)	(1.697)	(1.842)	(1.783)	(1.778)	(1.930)
YEAR_2002	0.096	0.083	0.086	0.096	0.083	0.088
	(1.203)	(1.037)	(1.061)	(1.209)	(1.040)	(1.090)
YEAR_2003	-0.109	-0.125	-0.127	-0.109	-0.126	-0.125
	(-1.278)	(-1.470)	(-1.472)	(-1.292)	(-1.491)	(-1.460)

续表

变量	模型1	模型2	模型3	模型4	模型5	模型6
	被解释变量：DIVERSIFICATION_NUMBER_5					
YEAR_2004	0.091 (1.031)	0.072 (0.823)	0.070 (0.787)	0.094 (1.075)	0.076 (0.868)	0.076 (0.858)
YEAR_2005	-0.178 * (-1.941)	-0.195 ** (-2.117)	-0.204 ** (-2.190)	-0.178 * (-1.945)	-0.196 ** (-2.135)	-0.202 ** (-2.177)
YEAR_2006	-0.271 ** (-2.927)	-0.284 *** (-3.059)	-0.286 *** (-3.045)	-0.270 *** (-2.925)	-0.284 *** (-3.078)	-0.284 *** (-3.041)
YEAR_2007	-0.357 *** (-3.902)	-0.363 *** (-3.952)	-0.364 *** (-3.927)	-0.354 *** (-3.893)	-0.362 *** (-3.975)	-0.363 *** (-3.942)
YEAR_2008	-0.448 *** (-4.870)	-0.451 *** (-4.889)	-0.452 *** (-4.845)	-0.445 *** (-4.856)	-0.451 *** (-4.916)	-0.451 *** (-4.863)
YEAR_2009	-0.528 *** (-5.761)	-0.524 *** (-5.707)	-0.531 *** (-5.721)	-0.518 *** (-5.695)	-0.519 *** (-5.701)	-0.525 *** (-5.699)
YEAR_2010	-0.623 *** (-6.823)	-0.612 *** (-6.689)	-0.619 *** (-6.689)	-0.599 *** (-6.624)	-0.593 *** (-6.554)	-0.600 *** (-6.548)
C	0.516 ** (2.463)	1.548 *** (9.512)	1.567 *** (17.311)	0.796 *** (3.831)	1.719 *** (10.775)	1.626 *** (18.487)
R-squared	0.051	0.047	0.049	0.057	0.054	0.056
Adjusted R-squared	0.050	0.046	0.047	0.055	0.052	0.054
F-statistic	31.983	29.332	30.301	35.639	33.750	34.705
Prob（F-statistic）	0.000	0.000	0.000	0.000	0.000	0.000
观测值	10 695	10 696	10 625	10 697	10 698	10 627

注：括号中为 t 值，*、**、*** 分别代表0.1、0.05、0.01 的显著性水平。

表5-18 给出了关于连锁董事的行业外联结对多元化战略（行业数目——10%标准的测量指标）影响的 6 个模型的回归结果。在以行业数目——10%标准（DIVERSIFICATION_NUMBER_10）指标作为被解释变量的 6 个模型的回归结果中，行业外联结（TIE_OUT）变量的回归系数均显著为正。

表 5-18　行业外联结与多元化战略（行业数目——10%标准）的回归结果

变量	模型 1	模型 2	模型 3	模型 4	模型 5	模型 6
	被解释变量：DIVERSIFICATION_NUMBER_10					
TIE_OUT	0.082 *** (7.878)	0.079 *** (7.577)	0.084 *** (8.014)	0.080 *** (7.722)	0.077 *** (7.417)	0.082 *** (7.881)
DUAL	−0.009 (−0.418)	−0.018 (−0.842)	−0.011 (−0.506)	0.007 (0.301)	−0.002 (−0.076)	0.007 (0.316)
RATIO_INDEPENDENT	−0.001 (−0.349)	0.000 (−0.060)	0.000 (−0.136)	0.000 (−0.300)	0.000 (−0.029)	0.000 (−0.168)
STRATEGY_COMMITTEE	0.050 * (1.755)	0.050 * (1.749)	0.048 * (1.667)	0.058 ** (2.052)	0.059 ** (2.068)	0.056 ** (1.971)
LN_ASSET	0.022 *** (2.697)			0.014 * (1.711)		
LN_SALE		−0.008 (−1.207)			−0.012 * (−1.926)	
LN_WORKER			0.023 *** (3.534)			0.021 *** (3.269)
YEAR_ESTABLISH	0.019 *** (10.196)	0.019 *** (9.825)	0.020 *** (10.444)			
YEAR_LISTED				0.024 *** (13.130)	0.024 *** (13.178)	0.025 *** (13.484)
SCALE_BOARD	−0.055 *** (−5.883)	−0.049 *** (−5.315)	−0.055 *** (−5.924)	−0.056 *** (−6.050)	−0.051 *** (−5.514)	−0.057 *** (−6.174)
YEAR_2001	0.075 (1.389)	0.076 (1.407)	0.075 (1.376)	0.078 (1.444)	0.078 (1.456)	0.079 (1.439)
YEAR_2002	0.101 * (1.632)	0.095 (1.532)	0.094 (1.501)	0.099 (1.597)	0.092 (1.494)	0.094 (1.500)
YEAR_2003	−0.071 (−1.053)	−0.078 (−1.169)	−0.081 (−1.185)	−0.075 (−1.118)	−0.083 (−1.241)	−0.082 (−1.210)
YEAR_2004	0.077 (1.120)	0.071 (1.025)	0.066 (0.946)	0.075 (1.094)	0.068 (0.999)	0.067 (0.964)
YEAR_2005	−0.111 (−1.544)	−0.117 * (−1.622)	−0.125 * (−1.715)	−0.117 * (−1.623)	−0.123 * (−1.714)	−0.128 * (−1.753)
YEAR_2006	−0.169 ** (−2.320)	−0.171 ** (−2.346)	−0.179 ** (−2.429)	−0.174 ** (−2.409)	−0.177 ** (−2.454)	−0.182 ** (−2.485)
YEAR_2007	−0.237 *** (−3.288)	−0.234 *** (−3.246)	−0.245 *** (−3.348)	−0.242 *** (−3.386)	−0.241 *** (−3.374)	−0.249 *** (−3.431)

续表

变量	模型1	模型2	模型3	模型4	模型5	模型6
	被解释变量：DIVERSIFICATION_NUMBER_10					
YEAR_2008	-0.298 *** (-4.145)	-0.294 *** (-4.080)	-0.305 *** (-4.184)	-0.304 *** (-4.251)	-0.302 *** (-4.223)	-0.310 *** (-4.279)
YEAR_2009	-0.348 *** (-4.870)	-0.341 *** (-4.770)	-0.358 *** (-4.927)	-0.351 *** (-4.944)	-0.347 *** (-4.897)	-0.360 *** (-4.997)
YEAR_2010	-0.412 *** (-5.756)	-0.400 *** (-5.581)	-0.419 *** (-5.763)	-0.405 *** (-5.718)	-0.396 *** (-5.602)	-0.413 *** (-5.735)
C	1.192 *** (6.941)	1.767 *** (13.338)	1.487 *** (21.088)	1.363 *** (7.940)	1.860 *** (14.203)	1.515 *** (21.957)
R-squared	0.039	0.039	0.040	0.045	0.045	0.046
Adjusted R-squared	0.038	0.037	0.038	0.043	0.043	0.044
F-statistic	24.192	23.780	24.382	27.760	27.804	28.140
Prob（F-statistic）	0.000	0.000	0.000	0.000	0.000	0.000
观测值	10 689	10 690	10 620	10 691	10 692	10 622

注：括号中为 t 值，*、**、*** 分别代表 0.1、0.05、0.01 的显著性水平。

为了检验连锁董事的行业外联结对多元化战略的影响，前文分别以熵指数（ENTROPY_INDEX）、H 指数（H_INDEX）、行业数目（1% 标准）指标（DIVERSIFICATION_NUMBER_1）、行业数目（5% 标准）指标（DIVERSIFICATION_NUMBER_5）、行业数目（10% 标准）指标（DIVERSIFICATION_NUMBER_10）作为多元化战略（DIVERSIFICATION_STRATEGY）的测量指标，并在所有回归结果（表5-14 至表5-18）中，行业外联结变量（TIE_OUT）的回归系数均显著为正（H 指数为负）。这些结果表明，行业外联结对多元化战略有显著的正面影响。具体而言，当公司拥有越多的行业外联结数量时，其采用多元化战略可能性越高。这一结果支持了前文假设 5B。

5.6　连锁董事、多元化战略与公司绩效的回归结果与分析

为了检验连锁董事的行业内联结与多元化战略的交互作用对公司绩效的影响（即假设6A），本书建立如下 4 个计量模型：

模型1：

$$\begin{aligned} ROA\_1 = {} & DIVERSIFICATION\_STRATEGY + TIE\_IN + \\ & DIVERSIFICATION\_STRATEGY \times TIE\_IN + DEBT + GROWTH + \\ & DUAL + RATIO\_INDEPENDENT + STRATEGY\_COMMITTEE + \\ & YEAR\_ESTABLISH + SCALE\_BOARD + \sum_{i=2001}^{2009} YEAR\_i + C + \varepsilon \end{aligned}$$

模型2：

$$\begin{aligned} ROA\_2 = {} & DIVERSIFICATION\_STRATEGY + TIE\_IN + \\ & DIVERSIFICATION\_STRATEGY \times TIE\_IN + DEBT + GROWTH + \\ & DUAL + RATIO\_INDEPENDENT + STRATEGY\_COMMITTEE + \\ & YEAR\_ESTABLISH + SCALE\_BOARD + \sum_{i=2001}^{2009} YEAR\_i + C + \varepsilon \end{aligned}$$

模型3：

$$\begin{aligned} ROE\_1 = {} & DIVERSIFICATION\_STRATEGY + TIE\_IN + \\ & DIVERSIFICATION\_STRATEGY \times TIE\_IN + DEBT + GROWTH + \\ & DUAL + RATIO\_INDEPENDENT + STRATEGY\_COMMITTEE + \\ & YEAR\_ESTABLISH + SCALE\_BOARD + \sum_{i=2001}^{2009} YEAR\_i + C + \varepsilon \end{aligned}$$

模型4：

$$\begin{aligned} ROE\_2 = {} & DIVERSIFICATION\_STRATEGY + TIE\_IN + \\ & DIVERSIFICATION\_STRATEGY \times TIE\_IN + DEBT + GROWTH + \\ & DUAL + RATIO\_INDEPENDENT + STRATEGY\_COMMITTEE + \\ & YEAR\_ESTABLISH + SCALE\_BOARD + \sum_{i=2001}^{2009} YEAR\_i + C + \varepsilon \end{aligned}$$

其中，DIVERSIFICATION_STRATEGY分别代表熵指数（ENTROPY_INDEX）、H指数（H_INDEX）、行业数目（1%标准）指标（DIVERSIFICATION_NUMBER_1）、行业数目（5%标准）指标（DIVERSIFICATION_NUMBER_5）、行业数目（10%标准）指标（DIVERSIFICATION_NUMBER_10）。

表5-19给出了连锁董事的行业内联结与多元化战略（熵指数指标）的交互作用对公司绩效影响的回归结果。在以熵指数作为多元化战略测量指标的4个回归模型中，行业内联结与多元化战略的交互作用变量（ENTROPY_INDEX×TIE_IN）的回归系数均显著为负。

表5-19　行业内联结、多元化战略（熵指数）与公司绩效的回归结果

模型	模型1	模型2	模型3	模型4
变量	ROA_1	ROA_2	ROE_1	ROE_2
ENTROPY_INDEX	0.006	−0.012	−0.006	−0.023
	(0.255)	(−0.482)	(−0.213)	(−0.904)
TIE_IN	0.010	0.011	−0.006	0.004
	(0.556)	(0.608)	(−0.301)	(0.253)
ENTROPY_INDEX ×TIE_IN	−0.019 ***	−0.013 ***	−0.020 ***	−0.024 ***
	(−6.678)	(−4.461)	(−6.416)	(−8.415)
DEBT	0.027 ***	−0.029 ***	−0.155 ***	−0.283 ***
	(6.196)	(−6.870)	(−4.184)	(−7.995)
GROWTH	0.312 ***	0.421 ***	0.247 ***	0.350 ***
	(13.920)	(18.950)	(10.238)	(15.645)
DUAL	0.000	0.016	−0.018	−0.008
	(0.004)	(0.599)	(−0.600)	(−0.289)
RATIO_INDEPENDENT	0.003 *	0.004 **	0.001	0.001
	(1.841)	(2.291)	(0.305)	(0.564)
STRATEGY_COMMITTEE	0.011	0.019	−0.001	−0.029
	(0.381)	(0.633)	(−0.024)	(−0.960)
YEAR_ESTABLISH	−0.018 ***	−0.021 ***	−0.006 **	−0.007 ***
	(−7.376)	(−8.617)	(−2.225)	(−2.649)
SCALE_BOARD	0.021 ***	0.023 ***	0.020 ***	0.022 ***
	(4.651)	(5.111)	(4.165)	(4.789)
YEAR_2001	0.036	0.049	0.006	0.051
	(0.633)	(0.876)	(0.095)	(0.898)
YEAR_2002	0.015	0.022	0.015	0.090
	(0.230)	(0.341)	(0.213)	(1.362)
YEAR_2003	−0.056	−0.068	−0.021	0.021
	(−0.764)	(−0.926)	(−0.263)	(0.291)

续表

模型	模型1	模型2	模型3	模型4
变量	ROA_1	ROA_2	ROE_1	ROE_2
YEAR_2004	-0.116 (-1.551)	-0.115 (-1.536)	-0.026 (-0.325)	0.009 (0.126)
YEAR_2005	-0.076 (-0.956)	-0.064 (-0.807)	0.011 (0.125)	0.063 (0.789)
YEAR_2006	-0.036 (-0.446)	-0.039 (-0.493)	-0.036 (-0.419)	0.026 (0.321)
YEAR_2007	-0.140* (-1.745)	-0.133* (-1.674)	-0.049 (-0.569)	-0.010 (-0.121)
YEAR_2008	-0.050 (-0.624)	-0.026 (-0.328)	0.003 (0.030)	0.064 (0.793)
YEAR_2009	-0.089 (-1.100)	-0.097 (-1.207)	-0.034 (-0.391)	-0.001 (-0.009)
C	0.057 (1.198)	0.072 (1.528)	0.052 (1.003)	0.080* (1.634)
R-squared	0.038	0.067	0.019	0.044
Adjusted R-squared	0.036	0.065	0.017	0.042
F-statistic	18.012	32.922	8.628	20.554
Prob (F-statistic)	0.000	0.000	0.000	0.000
观测值	8 681	8 681	8 481	8 483

注：括号中为t值，*、**、***分别代表0.1、0.05、0.01的显著性水平。

表5-20给出了连锁董事的行业内联结与多元化战略（H指数指标）的交互作用对公司绩效影响的回归结果。在以H指数作为多元化战略测量指标的4个回归模型中，行业内联结与多元化战略的交互作用变量（H_INDEX×TIE_IN）的回归系数均显著为正。

表5-20　行业内联结、多元化战略（H 指数）与公司绩效的回归结果

模型	模型 1	模型 2	模型 3	模型 4
变量	ROA_1	ROA_2	ROE_1	ROE_2
H_INDEX	−0.059 **	−0.059 **	0.017	0.015
	(−2.480)	(−2.504)	(0.684)	(0.635)
TIE_IN	−0.021	−0.022	0.024	0.002
	(−0.591)	(−0.630)	(0.639)	(0.056)
H_INDEX×TIE_IN	0.032 ***	0.038 ***	0.027 ***	0.014 ***
	(7.816)	(9.330)	(6.188)	(3.504)
DEBT	0.026 ***	−0.030 ***	−0.159 ***	−0.298 ***
	(6.145)	(−6.932)	(−4.341)	(−8.415)
GROWTH	0.314 ***	0.423 ***	0.245 ***	0.353 ***
	(14.131)	(19.166)	(10.302)	(15.759)
DUAL	−0.005	0.014	−0.018	−0.017
	(−0.196)	(0.529)	(−0.611)	(−0.630)
RATIO_INDEPENDENT	0.003 *	0.004 **	0.001	0.001
	(1.868)	(2.297)	(0.452)	(0.742)
STRATEGY_COMMITTEE	0.003	0.011	−0.003	−0.035
	(0.105)	(0.384)	(−0.095)	(−1.171)
YEAR_ESTABLISH	−0.019 ***	−0.022 ***	−0.006 **	−0.007 ***
	(−7.628)	(−8.979)	(−2.250)	(−2.856)
SCALE_BOARD	0.020 ***	0.022 ***	0.020 ***	0.022 ***
	(4.614)	(5.049)	(4.223)	(5.026)
YEAR_2001	0.039	0.052	−0.001	0.050
	(0.686)	(0.927)	(−0.021)	(0.885)
YEAR_2002	0.025	0.033	0.009	0.089
	(0.387)	(0.516)	(0.125)	(1.362)
YEAR_2003	−0.050	−0.063	−0.031	0.015
	(−0.695)	(−0.872)	(−0.403)	(0.205)

续表

模型	模型1	模型2	模型3	模型4
变量	ROA_1	ROA_2	ROE_1	ROE_2
YEAR_2004	−0.098 (−1.324)	−0.097 (−1.321)	−0.037 (−0.460)	0.008 (0.101)
YEAR_2005	−0.056 (−0.711)	−0.043 (−0.547)	0.000 (−0.001)	0.066 (0.834)
YEAR_2006	−0.022 (−0.280)	−0.022 (−0.275)	−0.048 (−0.570)	0.025 (0.314)
YEAR_2007	−0.123 (−1.559)	−0.114 (−1.455)	−0.063 (−0.749)	−0.010 (−0.128)
YEAR_2008	−0.033 (−0.420)	−0.007 (−0.091)	−0.011 (−0.132)	0.062 (0.776)
YEAR_2009	−0.075 (−0.936)	−0.077 (−0.976)	−0.046 (−0.544)	−0.012 (−0.146)
C	0.101** (2.058)	0.109** (2.236)	0.045 (0.830)	0.068 (1.327)
R-squared	0.038	0.067	0.019	0.045
Adjusted R-squared	0.036	0.065	0.017	0.043
F-statistic	18.565	33.672	8.878	21.444
Prob（F-statistic）	0.000	0.000	0.000	0.000
观测值	8 870	8 870	8 668	8 671

注：括号中为t值，*、**、***分别代表0.1、0.05、0.01的显著性水平。

表5-21给出了连锁董事的行业内联结与多元化战略（行业数目——1%标准指标）的交互作用对公司绩效影响的回归结果。在以行业数目——1%标准指标作为多元化战略测量指标的4个回归模型中，行业内联结与多元化战略的交互作用变量（DIVERSIFICATION_NUMBER_1×TIE_IN）的回归系数均显著为负。

表5-21　行业内联结、多元化战略（行业数目——1%标准）
与公司绩效的回归结果

模型	模型 1	模型 2	模型 3	模型 4
变量	ROA_1	ROA_2	ROE_1	ROE_2
DIVERSIFICATION_ NUMBER_1	0.000 (−0.041)	−0.007 (−0.935)	−0.004 (−0.561)	−0.004 (−0.496)
TIE_IN	0.005 (0.238)	0.001 (0.050)	−0.013 (−0.555)	−0.010 (−0.426)
DIVERSIFICATION_ NUMBER_1×TIE_IN	−0.002 ** (−1.960)	−0.002 * (−1.871)	−0.007 *** (−8.247)	−0.010 *** (−11.982)
DEBT	0.026 *** (6.016)	−0.030 *** (−7.051)	−0.160 *** (−4.397)	−0.307 *** (−8.666)
GROWTH	0.310 *** (14.062)	0.420 *** (19.095)	0.244 *** (10.310)	0.356 *** (15.930)
DUAL	−0.006 (−0.232)	0.012 (0.447)	−0.018 (−0.609)	−0.023 (−0.831)
RATIO_INDEPENDENT	0.003 ** (2.038)	0.004 ** (2.419)	0.001 (0.452)	0.001 (0.716)
STRATEGY_COMMITTEE	0.005 (0.181)	0.012 (0.427)	0.000 (0.010)	−0.032 (−1.078)
YEAR_ESTABLISH	−0.017 *** (−7.036)	−0.020 *** (−8.251)	−0.006 ** (−2.165)	−0.007 *** (−2.937)
SCALE_BOARD	0.020 *** (4.571)	0.022 *** (5.034)	0.020 *** (4.227)	0.022 *** (4.925)
YEAR_2001	0.043 (0.761)	0.058 (1.029)	−0.001 (−0.015)	0.050 (0.888)
YEAR_2002	0.023 (0.348)	0.035 (0.536)	0.011 (0.155)	0.090 (1.368)

续表

模型	模型1	模型2	模型3	模型4
变量	ROA_1	ROA_2	ROE_1	ROE_2
YEAR_2003	−0.057 (−0.794)	−0.065 (−0.904)	−0.032 (−0.414)	0.018 (0.247)
YEAR_2004	−0.107 (−1.454)	−0.104 (−1.413)	−0.034 (−0.431)	0.009 (0.126)
YEAR_2005	−0.072 (−0.919)	−0.055 (−0.710)	−0.004 (−0.044)	0.066 (0.841)
YEAR_2006	−0.038 (−0.485)	−0.035 (−0.452)	−0.050 (−0.594)	0.028 (0.351)
YEAR_2007	−0.128* (−1.626)	−0.117 (−1.496)	−0.066 (−0.788)	−0.014 (−0.176)
YEAR_2008	−0.050 (−0.628)	−0.023 (−0.289)	−0.013 (−0.155)	0.063 (0.783)
YEAR_2009	−0.090 (−1.133)	−0.093 (−1.168)	−0.051 (−0.605)	−0.014 (−0.174)
C	0.046 (0.949)	0.068 (1.395)	0.067 (1.259)	0.094* (1.871)
R-squared	0.036	0.065	0.019	0.046
Adjusted R-squared	0.034	0.063	0.017	0.044
F-statistic	17.812	32.910	8.929	22.076
Prob（F-statistic）	0.000	0.000	0.000	0.000
观测值	8 997	8 997	8 791	8 793

注：括号中为t值，*、**、***分别代表0.1、0.05、0.01的显著性水平。

表5-22给出了连锁董事的行业内联结与多元化战略（行业数目——5%标准指标）的交互作用对公司绩效影响的回归结果。在以行业数目——5%标准指标作为多元化战略测量指标的4个回归模型中，行业内联结与多元化战略的交互作用变量（DIVERSIFICATION_NUMBER_5×TIE_IN）回归系数在模型1和模型2中未达到10%的显著性水平，在模型3和模型4中则显著为负。

表5-22　行业内联结、多元化战略（行业数目——5%标准）
与公司绩效的回归结果

模型	模型 1	模型 2	模型 3	模型 4
变量	ROA_1	ROA_2	ROE_1	ROE_2
DIVERSIFICATION_NUMBER_5	−0.003	−0.009	−0.008	−0.014
	(−0.358)	(−0.927)	(−0.843)	(−1.451)
TIE_IN	0.003	0.003	−0.015	−0.016
	(0.132)	(0.121)	(−0.638)	(−0.744)
DIVERSIFICATION_NUMBER_5×TIE_IN	−0.001	−0.001	−0.008 ***	−0.012 ***
	(−0.877)	(−1.035)	(−9.127)	(−15.638)
DEBT	0.026 ***	−0.030 ***	−0.160 ***	−0.307 ***
	(6.004)	(−7.057)	(−4.391)	(−8.660)
GROWTH	0.309 ***	0.419 ***	0.243 ***	0.354 ***
	(14.012)	(19.052)	(10.279)	(15.859)
DUAL	−0.005	0.014	−0.018	−0.022
	(−0.180)	(0.511)	(−0.611)	(−0.806)
RATIO_INDEPENDENT	0.003 **	0.004 **	0.001	0.001
	(2.079)	(2.508)	(0.553)	(0.795)
STRATEGY_COMMITTEE	0.005	0.012	0.000	−0.032
	(0.162)	(0.407)	(0.008)	(−1.074)
YEAR_ESTABLISH	−0.017 ***	−0.020 ***	−0.006 **	−0.007 ***
	(−7.036)	(−8.304)	(−2.158)	(−2.873)
SCALE_BOARD	0.020 ***	0.022 ***	0.020 ***	0.022 ***
	(4.606)	(5.059)	(4.273)	(5.012)
YEAR_2001	0.042	0.055	−0.004	0.049
	(0.744)	(0.985)	(−0.059)	(0.864)
YEAR_2002	0.020	0.029	0.004	0.085
	(0.309)	(0.441)	(0.056)	(1.296)

续表

模型	模型 1	模型 2	模型 3	模型 4
变量	ROA_1	ROA_2	ROE_1	ROE_2
YEAR_2003	−0.059	−0.070	−0.041	0.012
	(−0.810)	(−0.970)	(−0.527)	(0.162)
YEAR_2004	−0.111	−0.112	−0.044	0.003
	(−1.494)	(−1.518)	(−0.550)	(0.034)
YEAR_2005	−0.075	−0.062	−0.013	0.059
	(−0.963)	(−0.801)	(−0.155)	(0.741)
YEAR_2006	−0.042	−0.043	−0.059	0.020
	(−0.531)	(−0.542)	(−0.705)	(0.244)
YEAR_2007	−0.132*	−0.125	−0.076	−0.023
	(−1.671)	(−1.588)	(−0.901)	(−0.288)
YEAR_2008	−0.054	−0.030	−0.023	0.053
	(−0.677)	(−0.377)	(−0.271)	(0.661)
YEAR_2009	−0.094	−0.099	−0.061	−0.024
	(−1.182)	(−1.249)	(−0.719)	(−0.297)
C	0.053	0.071	0.075	0.114**
	(1.088)	(1.462)	(1.407)	(2.233)
R-squared	0.036	0.065	0.019	0.046
Adjusted R-squared	0.034	0.063	0.017	0.044
F-statistic	17.799	32.905	8.946	22.134
Prob（F-statistic）	0.000	0.000	0.000	0.000
观测值	8 991	8 991	8 786	8 788

注：括号中为 t 值，*、**、*** 分别代表 0.1、0.05、0.01 的显著性水平。

表 5-23 给出了连锁董事的行业内联结与多元化战略（行业数目——10% 标准指标）的交互作用对公司绩效影响的回归结果。在以行业数目——10% 标准指标作为多元化战略测量指标的 4 个回归模型中，行业内联结与多元化战略的交互作用变量（DIVERSIFICATION_NUMBER_10×TIE_IN）回归系数在模型 1 和模型 2 中未达到 10% 的显著性水平，在模型 3 和模型 4 中则显著为负。

表5-23　行业内联结、多元化战略（行业数目——10%标准）
与公司绩效的回归结果

模型	模型1	模型2	模型3	模型4
变量	ROA_1	ROA_2	ROE_1	ROE_2
DIVERSIFICATION_ NUMBER_10	−0.006 (−0.513)	−0.015 (−1.243)	−0.010 (−0.770)	−0.018 (−1.524)
TIE_IN	0.002 (0.111)	0.002 (0.088)	−0.013 (−0.582)	−0.015 (−0.693)
DIVERSIFICATION_ NUMBER_10×TIE_IN	−0.001 (−0.658)	−0.001 (−1.386)	−0.007*** (−8.519)	−0.012*** (15.192)
DEBT	0.026*** (6.004)	−0.030*** (−7.058)	−0.160*** (−4.397)	−0.308*** (−8.675)
GROWTH	0.310*** (14.013)	0.419*** (19.047)	0.243*** (10.290)	0.355*** (15.863)
DUAL	−0.005 (−0.178)	0.014 (0.524)	−0.018 (−0.620)	−0.022 (−0.813)
RATIO_INDEPENDENT	0.003** (2.099)	0.004** (2.562)	0.001 (0.584)	0.001 (0.849)
STRATEGY_COMMITTEE	0.005 (0.162)	0.012 (0.403)	0.000 (−0.004)	−0.033 (−1.093)
YEAR_ESTABLISH	−0.017*** (−7.042)	−0.020*** (−8.310)	−0.006** (−2.190)	−0.007*** (−2.911)
SCALE_BOARD	0.020*** (4.614)	0.022*** (5.071)	0.020*** (4.266)	0.022*** (5.006)
YEAR_2001	0.044 (0.777)	0.058 (1.032)	−0.003 (−0.049)	0.049 (0.866)
YEAR_2002	0.020 (0.309)	0.028 (0.434)	0.003 (0.043)	0.084 (1.269)
YEAR_2003	−0.059 (−0.813)	−0.072 (−0.991)	−0.042 (−0.540)	0.009 (0.126)
YEAR_2004	−0.111 (−1.494)	−0.113 (−1.535)	−0.045 (−0.565)	0.000 (−0.002)
YEAR_2005	−0.076 (−0.966)	−0.064 (−0.822)	−0.014 (−0.165)	0.056 (0.709)
YEAR_2006	−0.042 (−0.535)	−0.044 (−0.564)	−0.060 (−0.714)	0.017 (0.214)
YEAR_2007	−0.133* (−1.676)	−0.127* (−1.614)	−0.077 (−0.909)	−0.025 (−0.319)

续表

模型	模型 1	模型 2	模型 3	模型 4
变量	ROA_1	ROA_2	ROE_1	ROE_2
YEAR_2008	−0.055 (−0.686)	−0.032 (−0.403)	−0.024 (−0.277)	0.051 (0.637)
YEAR_2009	−0.095 (−1.187)	−0.101 (−1.275)	−0.062 (−0.728)	−0.027 (−0.329)
C	0.056 (1.123)	0.077 (1.562)	0.075 (1.386)	0.118** (2.288)
R-squared	0.036	0.065	0.019	0.046
Adjusted R-squared	0.034	0.063	0.017	0.044
F-statistic	17.809	32.951	8.948	22.160
Prob（F-statistic）	0.000	0.000	0.000	0.000
观测值	8 985	8 985	8 780	8 782

注：括号中为 t 值，* 、 ** 、 *** 分别代表 0.1、0.05、0.01 的显著性水平。

在以熵指数（ENTROPY_INDEX）、H 指数（H_INDEX）、行业数目（1% 标准）（DIVERSIFICATION_NUMBER_1）、行业数目（5% 标准）（DIVERSIFICATION _ NUMBER _ 5）、行业数目（10% 标准）（DIVERSIFICATION _ NUMBER _ 10）作为多元化战略（DIVERSIFICATION_STRATEGY）的测量指标时，考察连锁董事的行业内联结与多元化战略的交互作用对公司绩效的影响时，除了在少数情况下（20 种情况中的 4 种情况）未达到 10% 的显著性水平外，绝大多数情况下是显著为负的（H 指数为正）。这些结果表明，行业内联结与多元化战略的交互作用对公司绩效有显著的负向影响。具体而言，当公司采用多元化战略时，拥有较多的行业内联结，对公司绩效会有不利影响。这一结果支持了前文假设 6A。

为了检验连锁董事的行业外联结与多元化战略的交互作用对公司绩效的影响（即假设 6B），本书建立如下 4 个计量模型：

模型 1：

ROA_1 = DIVERSIFICATION_STRATEGY + TIE_OUT +

      DIVERSIFICATION_STRATEGY × TIE_OUT + DEBT + GROWTH +

$$\text{DUAL} + \text{RATIO\_INDEPENDENT} + \text{STRATEGY\_COMMITTEE} +$$

$$\text{YEAR\_ESTABLISH} + \text{SCALE\_BOARD} + \sum_{i=2001}^{2009} \text{YEAR\_i} + \text{C} + \varepsilon$$

模型 2：

$$\text{ROA\_2} = \text{DIVERSIFICATION\_STRATEGY} + \text{TIE\_OUT} +$$

$$\text{DIVERSIFICATION\_STRATEGY} \times \text{TIE\_OUT} + \text{DEBT} + \text{GROWTH} +$$

$$\text{DUAL} + \text{RATIO\_INDEPENDENT} + \text{STRATEGY\_COMMITTEE} +$$

$$\text{YEAR\_ESTABLISH} + \text{SCALE\_BOARD} + \sum_{i=2001}^{2009} \text{YEAR\_i} + \text{C} + \varepsilon$$

模型 3：

$$\text{ROE\_1} = \text{DIVERSIFICATION\_STRATEGY} + \text{TIE\_OUT} +$$

$$\text{DIVERSIFICATION\_STRATEGY} \times \text{TIE\_OUT} + \text{DEBT} + \text{GROWTH} +$$

$$\text{DUAL} + \text{RATIO\_INDEPENDENT} + \text{STRATEGY\_COMMITTEE} +$$

$$\text{YEAR\_ESTABLISH} + \text{SCALE\_BOARD} + \sum_{i=2001}^{2009} \text{YEAR\_i} + \text{C} + \varepsilon$$

模型 4：

$$\text{ROE\_2} = \text{DIVERSIFICATION\_STRATEGY} + \text{TIE\_OUT} +$$

$$\text{DIVERSIFICATION\_STRATEGY} \times \text{TIE\_OUT} + \text{DEBT} + \text{GROWTH} +$$

$$\text{DUAL} + \text{RATIO\_INDEPENDENT} + \text{STRATEGY\_COMMITTEE} +$$

$$\text{YEAR\_ESTABLISH} + \text{SCALE\_BOARD} + \sum_{i=2001}^{2009} \text{YEAR\_i} + \text{C} + \varepsilon$$

其中，DIVERSIFICATION_STRATEGY 分别代表熵指数（ENTROPY_INDEX）、H 指数（H_INDEX）、行业数目（1%标准）指标（DIVERSIFICATION_NUMBER_1）、行业数目（5%标准）指标（DIVERSIFICATION_NUMBER_5）、行业数目（10%标准）指标（DIVERSIFICATION_NUMBER_10）。

表5-24给出了连锁董事的行业外联结与多元化战略（熵指数指标）的交互作用对公司绩效影响的回归结果。在以熵指数指标作为多元化战略测量指标的4个回归模型中，行业外联结与多元化战略的交互作用变量（ENTROPY_INDEX×TIE_OUT）的回归系数显著为正。

表5-24　行业外联结、多元化战略（熵指数）与公司绩效的回归结果

模型	模型1	模型2	模型3	模型4
变量	ROA_1	ROA_2	ROE_1	ROE_2
ENTROPY_INDEX	−0.006	−0.031	0.007	0.004
	(−0.199)	(−1.045)	(0.224)	(0.122)
TIE_OUT	−0.004	−0.009	−0.001	−0.009
	(−0.249)	(−0.643)	(−0.036)	(−0.643)
ENTROPY_INDEX ×TIE_OUT	0.002 **	0.007 ***	0.002 **	0.008 ***
	(2.390)	(7.107)	(2.382)	(8.329)
DEBT	0.027 ***	−0.030 ***	−0.156 ***	−0.284 ***
	(6.185)	(−6.882)	(−4.198)	(−8.026)
GROWTH	0.311 ***	0.421 ***	0.247 ***	0.351 ***
	(13.896)	(18.913)	(10.252)	(15.679)
DUAL	0.000	0.016	−0.017	−0.007
	(−0.008)	(0.582)	(−0.588)	(−0.265)
RATIO_INDEPENDENT	0.003 *	0.004 **	0.001	0.001
	(1.833)	(2.287)	(0.312)	(0.573)
STRATEGY_COMMITTEE	0.012	0.019	−0.001	−0.029
	(0.390)	(0.646)	(−0.031)	(−0.976)
YEAR_ESTABLISH	−0.018 ***	−0.021 ***	−0.006 **	−0.007 ***
	(−7.375)	(−8.614)	(−2.226)	(−2.651)
SCALE_BOARD	0.024 **	0.029 **	0.022 *	0.035 ***
	(1.961)	(2.428)	(1.723)	(2.927)
YEAR_2001	0.036	0.050	0.006	0.050
	(0.633)	(0.877)	(0.096)	(0.897)
YEAR_2002	0.016	0.023	0.015	0.089
	(0.235)	(0.345)	(0.208)	(1.355)

模型	模型1	模型2	模型3	模型4
变量	ROA_1	ROA_2	ROE_1	ROE_2
YEAR_2003	-0.056	-0.068	-0.021	0.022
	(-0.761)	(-0.932)	(-0.266)	(0.295)
YEAR_2004	-0.117	-0.115	-0.026	0.010
	(-1.553)	(-1.543)	(-0.323)	(0.135)
YEAR_2005	-0.076	-0.064	0.011	0.063
	(-0.955)	(-0.814)	(0.125)	(0.796)
YEAR_2006	-0.036	-0.040	-0.036	0.026
	(-0.447)	(-0.503)	(-0.418)	(0.331)
YEAR_2007	-0.140*	-0.134*	-0.049	-0.009
	(-1.745)	(-1.685)	(-0.569)	(-0.110)
YEAR_2008	-0.050	-0.027	0.002	0.064
	(-0.622)	(-0.336)	(0.027)	(0.799)
YEAR_2009	-0.089	-0.098	-0.034	0.000
	(-1.099)	(-1.212)	(-0.392)	(-0.005)
C	0.063	0.081*	0.047	0.068
	(1.302)	(1.700)	(0.879)	(1.366)
R-squared	0.038	0.067	0.019	0.044
Adjusted R-squared	0.036	0.065	0.017	0.042
F-statistic	17.991	32.940	8.609	20.553
Prob（F-statistic）	0.000	0.000	0.000	0.000
观测值	8 681	8 681	8 481	8 483

注：括号中为t值，*、**、***分别代表0.1、0.05、0.01的显著性水平。

表5-25给出了连锁董事的行业外联结与多元化战略（H指数指标）的交互作用对公司绩效影响的回归结果。在以H指数指标作为多元化战略测量指标的4个回归模型中，行业外联结与多元化战略的交互作用变量（H_INDEX×TIE_OUT）回归系数在模型2和模型4中未达到10%的显著性水平，在模型1、模型3中的回归系数均显著为负。

表5-25　行业外联结、多元化战略（H 指数）与公司绩效的回归结果

模型	模型 1	模型 2	模型 3	模型 4
变量	ROA_1	ROA_2	ROE_1	ROE_2
H_INDEX	−0.057 **	−0.053 **	0.026	0.018
	(−2.243)	(−2.091)	(0.977)	(0.709)
TIE_OUT	−0.007	−0.009	0.006	−0.013
	(−0.476)	(−0.592)	(0.354)	(−0.887)
H_INDEX×TIE_OUT	−0.003 ***	−0.001	−0.011 ***	0.000
	(3.595)	(−0.893)	(−11.177)	(−0.225)
DEBT	0.026 ***	−0.030 ***	−0.159 ***	−0.298 ***
	(6.142)	(−6.936)	(−4.341)	(−8.408)
GROWTH	0.314 ***	0.423 ***	0.245 ***	0.353 ***
	(14.129)	(19.163)	(10.303)	(15.758)
DUAL	−0.005	0.014	−0.018	−0.017
	(−0.200)	(0.522)	(−0.612)	(−0.633)
RATIO_INDEPENDENT	0.003 *	0.004 **	0.001	0.001
	(1.865)	(2.301)	(0.472)	(0.745)
STRATEGY_COMMITTEE	0.003	0.011	−0.003	−0.035
	(0.106)	(0.386)	(−0.094)	(−1.170)
YEAR_ESTABLISH	−0.019 ***	−0.022 ***	−0.006 **	−0.007 ***
	(−7.645)	(−9.006)	(−2.256)	(−2.867)
SCALE_BOARD	0.025 **	0.030 ***	0.023 *	0.036 ***
	(2.108)	(2.580)	(1.817)	(3.023)
YEAR_2001	0.038	0.052	−0.001	0.050
	(0.683)	(0.924)	(−0.016)	(0.885)
YEAR_2002	0.025	0.033	0.009	0.089
	(0.385)	(0.512)	(0.125)	(1.361)

续表

模型	模型 1	模型 2	模型 3	模型 4
变量	ROA_1	ROA_2	ROE_1	ROE_2
YEAR_2003	−0.050 (−0.689)	−0.063 (−0.869)	−0.033 (−0.421)	0.015 (0.205)
YEAR_2004	−0.098 (−1.318)	−0.097 (−1.315)	−0.037 (−0.471)	0.008 (0.102)
YEAR_2005	−0.055 (−0.705)	−0.042 (−0.542)	−0.001 (−0.012)	0.066 (0.835)
YEAR_2006	−0.022 (−0.276)	−0.021 (−0.273)	−0.049 (−0.579)	0.025 (0.314)
YEAR_2007	−0.123 (−1.554)	−0.114 (−1.454)	−0.065 (−0.763)	−0.010 (−0.129)
YEAR_2008	−0.033 (−0.413)	−0.007 (−0.087)	−0.013 (−0.150)	0.062 (0.777)
YEAR_2009	−0.074 (−0.933)	−0.077 (−0.978)	−0.048 (−0.558)	−0.012 (−0.147)
C	0.100** (2.014)	0.105** (2.123)	0.038 (0.689)	0.065 (1.270)
R-squared	0.038	0.067	0.019	0.045
Adjusted R-squared	0.036	0.065	0.017	0.043
F-statistic	18.538	33.623	8.924	21.438
Prob（F-statistic）	0.000	0.000	0.000	0.000
观测值	8 870	8 870	8 668	8 671

注：括号中为 t 值，*、**、*** 分别代表 0.1、0.05、0.01 的显著性水平。

表 5-26 给出了连锁董事的行业外联结与多元化战略（行业数目——1%标准指标）的交互作用对公司绩效影响的回归结果。在以行业数目——1%标准指标作为多元化战略测量指标的 4 个回归模型中，行业外联结与多元化战略的交互作用变量（DIVERSIFICATION_NUMBER_1×TIE_OUT）回归系数显著为正。

表5-26　行业外联结、多元化战略（行业数目——1%标准）

与公司绩效的回归结果

模型	模型1	模型2	模型3	模型4
变量	ROA_1	ROA_2	ROE_1	ROE_2
DIVERSIFICATION_ NUMBER_1	−0.003 （−0.293）	−0.010 （−1.126）	0.003 （0.342）	0.003 （0.380）
TIE_OUT	−0.004 （−0.252）	−0.009 （−0.605）	0.003 （0.201）	−0.008 （−0.544）
DIVERSIFICATION_ NUMBER_1×TIE_OUT	0.001 *** （2.737）	0.002 *** （6.257）	0.002 *** （7.318）	0.001 *** （4.998）
DEBT	0.026 *** （6.012）	−0.030 *** （−7.054）	−0.161 *** （−4.414）	−0.308 *** （−8.680）
GROWTH	0.310 *** （14.039）	0.419 *** （19.060）	0.245 *** （10.341）	0.357 *** （15.951）
DUAL	−0.006 （−0.239）	0.012 （0.441）	−0.017 （−0.586）	−0.022 （−0.806）
RATIO_INDEPENDENT	0.003 ** （2.030）	0.004 ** （2.411）	0.001 （0.477）	0.001 （0.743）
STRATEGY_COMMITTEE	0.006 （0.189）	0.013 （0.433）	0.000 （−0.014）	−0.033 （−1.106）
YEAR_ESTABLISH	−0.017 *** （−7.039）	−0.020 *** （−8.253）	−0.006 ** （−2.156）	−0.007 *** （−2.927）
SCALE_BOARD	0.022 * （1.873）	0.027 ** （2.291）	0.022 * （1.786）	0.034 *** （2.880）
YEAR_2001	0.043 （0.765）	0.058 （1.038）	−0.002 （−0.027）	0.050 （0.879）
YEAR_2002	0.023 （0.356）	0.035 （0.546）	0.009 （0.129）	0.088 （1.342）

模型	模型1	模型2	模型3	模型4
变量	ROA_1	ROA_2	ROE_1	ROE_2
YEAR_2003	−0.057	−0.065	−0.033	0.017
	(−0.790)	(−0.903)	(−0.428)	(0.230)
YEAR_2004	−0.107	−0.104	−0.035	0.009
	(−1.451)	(−1.408)	(−0.439)	(0.118)
YEAR_2005	−0.071	−0.055	−0.004	0.065
	(−0.916)	(−0.709)	(−0.053)	(0.830)
YEAR_2006	−0.038	−0.035	−0.051	0.027
	(−0.482)	(−0.452)	(−0.604)	(0.339)
YEAR_2007	−0.128*	−0.117	−0.067	−0.015
	(−1.624)	(−1.497)	(−0.794)	(−0.186)
YEAR_2008	−0.050	−0.023	−0.014	0.062
	(−0.625)	(−0.288)	(−0.165)	(0.770)
YEAR_2009	−0.090	−0.092	−0.052	−0.015
	(−1.130)	(−1.164)	(−0.616)	(−0.185)
C	0.052	0.076	0.048	0.077
	(1.034)	(1.509)	(0.870)	(1.472)
R-squared	0.036	0.065	0.019	0.046
Adjusted R-squared	0.034	0.063	0.017	0.043
F-statistic	17.814	32.930	8.921	22.011
Prob（F-statistic）	0.000	0.000	0.000	0.000
观测值	8 997	8 997	8 791	8 793

注：括号中为 t 值，*、**、*** 分别代表 0.1、0.05、0.01 的显著性水平。

表 5-27 给出了连锁董事的行业外联结与多元化战略（行业数目——5% 标准指标）的交互作用对公司绩效影响的回归结果。在以行业数目——5% 标准指标作为多元化战略测量指标的 4 个回归模型中，行业外联结与多元化战略的交互作用变量（DIVERSIFICATION＿NUMBER_5×TIE_OUT）回归系数显著为正。

表5-27　行业外联结、多元化战略（行业数目——5％标准）
与公司绩效的回归结果

模型	模型1	模型2	模型3	模型4
变量	ROA_1	ROA_2	ROE_1	ROE_2
DIVERSIFICATION_ NUMBER_5	−0.006 (−0.577)	−0.011 (−1.022)	−0.002 (−0.162)	−0.009 (−0.881)
TIE_OUT	−0.004 (−0.280)	−0.007 (−0.487)	0.002 (0.108)	−0.012 (−0.813)
DIVERSIFICATION_ NUMBER_5×TIE_OUT	0.001 *** (4.023)	0.001 *** (4.101)	0.001 *** (4.890)	0.001 ** (2.123)
DEBT	0.026 *** (6.003)	−0.030 *** (−7.057)	−0.160 *** (−4.385)	−0.307 *** (−8.653)
GROWTH	0.309 *** (13.993)	0.419 *** (19.032)	0.244 *** (10.297)	0.355 *** (15.857)
DUAL	−0.005 (−0.179)	0.014 (0.513)	−0.018 (−0.609)	−0.022 (−0.799)
RATIO_INDEPENDENT	0.003 ** (2.071)	0.004 ** (2.503)	0.001 (0.574)	0.001 (0.814)
STRATEGY_COMMITTEE	0.005 (0.168)	0.012 (0.410)	0.000 (−0.011)	−0.033 (−1.095)
YEAR_ESTABLISH	−0.017 *** (−7.047)	−0.020 *** (−8.312)	−0.006 ** (−2.128)	−0.007 *** (−2.850)
SCALE_BOARD	0.022 * (1.860)	0.027 ** (2.292)	0.022 * (1.753)	0.033 *** (2.830)
YEAR_2001	0.042 (0.748)	0.056 (0.989)	−0.004 (−0.063)	0.049 (0.868)
YEAR_2002	0.021 (0.315)	0.029 (0.445)	0.003 (0.043)	0.084 (1.286)

续表

模型	模型 1	模型 2	模型 3	模型 4
变量	ROA_1	ROA_2	ROE_1	ROE_2
YEAR_2003	−0.059	−0.070	−0.042	0.011
	(−0.806)	(−0.969)	(−0.540)	(0.146)
YEAR_2004	−0.111	−0.112	−0.043	0.003
	(−1.496)	(−1.519)	(−0.544)	(0.040)
YEAR_2005	−0.075	−0.062	−0.014	0.058
	(−0.961)	(−0.800)	(−0.163)	(0.730)
YEAR_2006	−0.042	−0.043	−0.060	0.019
	(−0.528)	(−0.541)	(−0.715)	(0.233)
YEAR_2007	−0.132*	−0.125	−0.077	−0.024
	(−1.669)	(−1.588)	(−0.909)	(−0.300)
YEAR_2008	−0.054	−0.030	−0.024	0.052
	(−0.673)	(−0.376)	(−0.285)	(0.646)
YEAR_2009	−0.094	−0.099	−0.063	−0.025
	(−1.175)	(−1.244)	(−0.736)	(−0.309)
C	0.059	0.076	0.061	0.104**
	(1.182)	(1.520)	(1.114)	(2.004)
R-squared	0.036	0.065	0.019	0.046
Adjusted R-squared	0.034	0.063	0.017	0.043
F-statistic	17.808	32.914	8.914	22.001
Prob（F-statistic）	0.000	0.000	0.000	0.000
观测值	8 991	8 991	8 786	8 788

注：括号中为 t 值，＊、＊＊、＊＊＊分别代表 0.1、0.05、0.01 的显著性水平。

表 5-28 给出了连锁董事的行业外联结与多元化战略（行业数目——10%标准指标）的交互作用对公司绩效影响的回归结果。在以行业数目——10%标准指标作为多元化战略测量指标的 4 个回归模型中，行业外联结与多元化战略的交互作用变量（DIVERSIFICATION_NUMBER_10×TIE_OUT）的回归系数显著为正。

表5-28　行业外联结、多元化战略（行业数目——10%标准）
与公司绩效的回归结果

模型	模型1	模型2	模型3	模型4
变量	ROA_1	ROA_2	ROE_1	ROE_2
DIVERSIFICATION_NUMBER_10	-0.009 (-0.683)	-0.017 (-1.317)	-0.003 (-0.223)	-0.013 (-1.057)
TIE_OUT	-0.004 (-0.265)	-0.007 (-0.475)	0.002 (0.115)	-0.012 (-0.790)
DIVERSIFICATION_NUMBER_10×TIE_OUT	0.001 *** (3.973)	0.001 *** (4.268)	0.001 *** (5.225)	0.000 * (1.788)
DEBT	0.026 *** (6.005)	-0.030 *** (-7.056)	-0.160 *** (-4.388)	-0.307 *** (-8.666)
GROWTH	0.309 *** (13.998)	0.419 *** (19.031)	0.244 *** (10.303)	0.355 *** (15.861)
DUAL	-0.005 (-0.178)	0.014 (0.525)	-0.018 (-0.618)	-0.022 (-0.806)
RATIO_INDEPENDENT	0.003 ** (2.093)	0.004 ** (2.558)	0.001 (0.601)	0.001 (0.865)
STRATEGY_COMMITTEE	0.005 (0.163)	0.012 (0.402)	0.000 (-0.012)	-0.033 (-1.106)
YEAR_ESTABLISH	-0.017 *** (-7.059)	-0.020 *** (-8.321)	-0.006 ** (-2.134)	-0.007 *** (-2.867)
SCALE_BOARD	0.022 * (1.856)	0.027 ** (2.281)	0.022 * (1.745)	0.033 *** (2.815)
YEAR_2001	0.044 (0.779)	0.058 (1.034)	-0.003 (-0.049)	0.049 (0.872)
YEAR_2002	0.021 (0.315)	0.028 (0.437)	0.002 (0.030)	0.083 (1.259)

续表

模型	模型 1	模型 2	模型 3	模型 4
变量	ROA_1	ROA_2	ROE_1	ROE_2
YEAR_2003	-0.059 (-0.808)	-0.072 (-0.989)	-0.043 (-0.555)	0.008 (0.109)
YEAR_2004	-0.111 (-1.496)	-0.113 (-1.536)	-0.044 (-0.558)	0.000 (0.005)
YEAR_2005	-0.075 (-0.963)	-0.064 (-0.820)	-0.015 (-0.178)	0.055 (0.695)
YEAR_2006	-0.042 (-0.530)	-0.044 (-0.561)	-0.062 (-0.729)	0.016 (0.199)
YEAR_2007	-0.132* (-1.672)	-0.127* (-1.611)	-0.078 (-0.925)	-0.027 (-0.336)
YEAR_2008	-0.054 (-0.679)	-0.032 (-0.398)	-0.025 (-0.299)	0.050 (0.615)
YEAR_2009	-0.094 (-1.176)	-0.101 (-1.266)	-0.064 (-0.755)	-0.028 (-0.349)
C	0.061 (1.205)	0.081* (1.614)	0.062 (1.130)	0.109** (2.083)
R-squared	0.036	0.065	0.019	0.046
Adjusted R-squared	0.034	0.063	0.017	0.044
F-statistic	17.818	32.960	8.924	22.035
Prob（F-statistic）	0.000	0.000	0.000	0.000
观测值	8 985	8 985	8 780	8 782

注：括号中为 t 值，*、**、*** 分别代表 0.1、0.05、0.01 的显著性水平。

在以熵指数（ENTROPY_INDEX）、H 指数（H_INDEX）、行业数目（1% 标准）（DIVERSIFICATION_NUMBER_1）、行业数目（5% 标准）（DIVERSIFICATION _ NUMBER _ 5）、行业数目（10% 标准）

(DIVERSIFICATION_NUMBER_10) 作为多元化战略（DIVERSIFICATION _ STRATEGY）的测量指标时，考察连锁董事的行业外联结与多元化战略的交互作用对公司绩效的影响时，除了在少数情况下（20 种情况中的 2 种情况）未达到 10% 的显著性水平外，绝大多数情况下是显著为正（H 指数为负）。这些结果表明，行业外联结与多元化战略的交互作用对公司绩效有显著的正向影响。具体而言，当公司采用多元化战略时，拥有较多的行业外联结，会有助于提高公司绩效。这一结果支持了前文假设 6B。

第6章 结论、不足与展望

6.1 主要结论

本书以我国转型时期的经济环境为背景，基于我国 2000 年至 2010 年 A 股上市公司的连锁董事数据、公司战略数据和绩效数据，对连锁董事的公司战略和绩效影响进行理论与实证研究。在将连锁董事操作化为行业内联结和行业外联结，将公司战略操作化为战略选择、战略变革和多元化战略后，本书研究发现：

第一，行业内联结对战略偏离有显著的负向影响，行业外联结对战略偏离有显著的正向影响。当公司拥有较多的行业内联结时，更可能选择遵循行业普遍采用的主流战略，而当公司拥有较多的行业外联结时，更可能选择偏离行业普遍采用的主流战略。

行业内联结与战略偏离的交互作用对公司绩效有显著的负向影响，行业外联结与战略偏离的交互作用对公司绩效有显著的正向影响。这意味着，当公司选择偏离行业主流战略时，拥有较多的行业内联结对公司绩效会有不利影响，拥有较多的行业外联结会改进公司绩效。

第二，行业内联结对战略变革有显著的负向影响，行业外联结对战略变革有显著的正向影响。即当公司拥有较多的行业内联结时，更可能选择保持目前采用的战略不变，而当公司拥有较多的行业外联结时，更可能选择改变目前采用的战略。

行业内联结与战略变革的交互作用对公司绩效有显著的负向影响，行业外联结与战略变革的交互作用对公司绩效有显著的正向影响。这意味着，当公司进行战略变革时，拥有较多的行业内联结对公司绩效会有不利影响，拥有较多的行业外联结会改进公司绩效。

第三，行业内联结对多元化战略有显著的负向影响，行业外联结对多元化战略有显著的正向影响。即当公司拥有较多的行业内联结时，更可能选择专业化战略，而当公司拥有较多的行业外联结时，更可能选择多元化战略。

行业内联结与多元化战略的交互作用对公司绩效有显著的负向影响，行业外联结与多元化战略的交互作用对公司绩效有显著的正向影响。这意味着，当公司采用多元化战略时，拥有较多的行业内联结对公司绩效会有不利影响，拥有较多的行业外联结会改进公司绩效。

第四，将上述三个结论结合起来可以发现，不同类型的连锁董事会对公司战略有不同影响，连锁董事对公司绩效的影响取决于不同类型连锁董事与公司战略的结合程度。

6.2　理论价值与实践启示

上述发现的理论价值主要体现在：其一，现有文献主要是从公司外部环境和公司自身特征两个方面研究公司战略，忽略了公司之间的网络联结关系对公司战略的可能影响。本书基于企业间的连锁董事网络数据进行实证检验，这拓展了有关公司战略的现有研究。其二，现有文献认为，连锁董事对公司绩效的影响是直接的，因此直接将连锁董事作为自变量对公司绩效（因变量）进行实证检验。本书认为，连锁董事主要是通过公司战略间接地影响公司绩效，因此在考察连锁董事的战略影响时，需要将连锁董事与公司战略结合起来。

实践启示：正如前文所言，连锁董事现象在我国上市公司中非常普遍，约有 2/3 的企业拥有连锁董事。一方面，企业应该注意挖掘董事会中现有连锁董事的潜在价值，多去倾听他们从其他企业获得的经验和教训；另一方面，在企业选择董事候选人员和董事会结构设计时（比如，在董事个人任职期满以及董事会换届时），应该注意关注董事候选人是否在其他公司任职、候选人兼任其他公司董事职位的数量、候选人任职公司的特征（如是否在相同行业等）、候选人自身的特征（如之前和现在的工作经验、知识背景等），这样也可以最大限度地发挥董事会的作用，以便服务于企业的战略决策。

6.3 不足及展望

时间与篇幅所限，本书还有如下缺陷，待未来进行深入研究：

第一，对于连锁董事的战略和绩效影响，由内部董事形成的连锁董事和由独立董事形成的连锁董事之间可能会有所不同。尤其是对于具有法律和财务背景的独立董事而言，他们对公司战略的影响更可能微乎其微。但由于国泰安数据库中独立董事个人信息披露不甚全面，使初始样本无法剔除这类独立董事。另外，迫于数据处理工作量巨大，本书未能对由内部董事和独立董事形成的连锁董事进行区分。

第二，本书侧重于研究连锁董事对公司战略和绩效的影响，未对公司战略和绩效之间关系进行深入探讨。实际上，要深入挖掘连锁董事、公司战略和公司绩效之间关系，公司战略和绩效之间关系也是一个不容忽视的课题。

第三，在研究连锁董事对公司战略和绩效的影响时，本书仅从目标企业和联结企业关系层面进行探讨。若将关系层面拓展到网络层面，从企业处在网络中的位置角度（比如结构洞、集中度等度量指标）考察连锁董事的公司战略和绩效影响，可能会取得更多有价值的研究结论。

参考文献

[1] 陈传明，孙俊华 . 企业家人口背景特征与多元化战略选择——基于中国上市公司面板数据的实证研究［J］. 管理世界，2008（5）.

[2] 陈仕华 . 连锁董事的组织影响：理论与实证研究［D］. 大连：东北财经大学，2008.

[3] 陈仕华，王春林 . 连锁董事渐次流行和规模边界问题研究［J］. 东北财经大学学报，2007（1）.

[4] 陈咏英 . 公司多元化的经济后果［M］. 北京：中国财政经济出版社，2008.

[5] 龚红 . 董事会结构、战略决策参与程度与公司绩效［J］. 财经理论与实践，2004（3）.

[6] 黄海波，李树拙 . 公司治理与多元化经营［J］. 经济与管理研究，2007（6）.

[7] 蒋卫平，刘菁 . 我国上市公司多元化经营的决定因素研究［J］. 财经理论与实践，2010（5）.

[8] 李维安 . 公司治理［M］. 天津：南开大学出版社，2001.

[9] 卢昌崇，陈仕华，SCHWALBACH J. 连锁董事理论：来自中

国企业的实证检验 [J]. 中国工业经济, 2006 (1).

[10] 卢昌崇, 陈仕华. 断链联结重构: 连锁董事及其组织功能 [J]. 管理世界, 2009 (5).

[11] 罗珉. 战略选择论的起源、发展与复杂性范式 [J]. 外国经济与管理, 2006 (1).

[12] 毛成林, 任兵. 公司治理与连锁董事间的网络 [J]. 中国软科学, 2005 (12).

[13] 彭正银, 廖天野. 连锁董事治理效应的实证分析: 基于内在机理视角的探讨 [J]. 南开管理评论, 2008 (11).

[14] 任兵. 连锁董事的企业间网络与公司治理 [J]. 首都经贸大学学报, 2005 (1).

[15] 任兵, 区玉辉, 林自强. 企业连锁董事在中国 [J]. 管理世界, 2001 (6).

[16] 任兵, 区玉辉, 彭维刚. 连锁董事、区域企业间连锁董事网与区域经济发展——对上海和广东两地 2001 年上市公司的实证考察 [J]. 管理世界, 2004 (3).

[17] 任兵, 区玉辉, 彭维刚. 连锁董事与公司绩效: 针对中国的研究 [J]. 南开管理评论, 2007 (1).

[18] 王智慧. 上市公司治理结构与战略绩效研究 [M]. 北京: 对外经济贸易大学出版社, 2002.

[19] 巫景飞, 何大军, 林日韦, 等. 高层管理者政治网络与企业多元化战略: 社会资本视角 [J]. 管理世界, 2008 (8).

[20] 谢绚丽, 赵胜利. 中小企业董事会结构与战略选择——基于中国企业的实证研究 [J]. 管理世界, 2011 (1).

[21] 杨跃. 连锁董事网络与企业绩效关系研究 [D]. 杭州: 浙江大学, 2011.

[22] ALDRICH H E. Organizations and Environments [M]. Englewood Cliffs, NJ: Prentice-Hall, 1979.

[23] ALLEN M P. The Structure of Interorganizational Elite Cooptation: Interlocking Corporate Directorates [J]. American Sociological Review,

1974, 39: 393-406.

[24] ALLEN M P. Economic Interest Groups and the Corporate Elite Structure [J]. Social Science Quarterly, 1978, 58: 597-615.

[25] AMIHUD Y, LEV B. Risk Reduction as a Managerial Motive for Conglomerate Mergers [J]. Bell Journal of Economics, 1981, 12: 605-617.

[26] ANDREWS K. The Concept of Strategy [M]. Homewood, IL: Irwin, 1971.

[27] BARNEY J B. Firm Resources and Sustained Competitive Advantage [J]. Journal of Management, 1991, 17: 99-120.

[28] BARTLETT C A, GHOSHAL S. Managing Across Borders: The Transnational Solution [M]. Boston: Harvard Business School Press, 1989.

[29] BAZERMAN M H, SCHOORMAN F D. A Limited Rationality Model of Interlocking Directorates [J]. Academy of Management Review, 1983, 8 (2): 206 -217.

[30] BERGH D D. Size and Relatedness of Units Sold: An Agency Theory and Resource-based Perspective [J]. Strategic Management Journal, 1995, 16: 221-239.

[31] BERLE A A, MEANS G C. The Modern Corporation and Private Property [M]. New York: Harcourt, Brace & World, 1968.

[32] BERKOWITZ S D, CARRINGTON P, KOTOWITZ Y, et al. The Determination of Enterprise Groupings through Combined Ownership and Directorship Ties [J]. Social Network, 1979, 1: 391-413.

[33] BIRNBAUM P H. The Choice of Strategic Alternatives under Increasing Regulation in High Technology Company [J]. Academy of Management Journal, 1984, 27: 489-510.

[34] BERRY C H. Corporate Growth and Diversification [M]. Princeton, NJ: Princeton University Press, 1971.

[35] BOEKER W, GOODSTEIN J. Organizational Performance and

Adaptation: Effects of Environment and Performance on Changes in Board Composition [J]. Academy of Management Journal, 1991, 34: 805-826.

[36] BODY S. CEO Duality and Firm Performance: A Contingence Model [J]. Strategic Management Journal, 1995, 16: 301-312.

[37] BURT R S. Corporate Profits and Cooptation: Network of Market Constraints and Directorate Ties in the American Economy [M]. New York: Academic Press, 1983.

[38] BURT R S. Social Contagion and Innovation: Cohesion Versus Structural Equivalence [J]. American Journal of Sociology, 1987, 92: 1287-1335.

[39] CARRINGTON P J. Horizontal Co-optation through Corporate Interlocks [D]. Toronto: University of Toronto, 1981.

[40] CASWELL J A. An Institutional Perspective on Corporate Control and the Network of Interlocking Directorates [J]. Journal of Economic Issues, 1984, 18 (2): 619-626.

[41] CHATTERJEE S J, WERNERFELT B. The Link between Resources and Type of Diversification: Theory and Evidence [J]. Strategic Management Journal, 1991, 12: 33-48.

[42] CHILD J. Organizational Structure, Environments and Performance: The Role of Strategy Choice [J]. Sociology, 1972, 6: 1 -22.

[43] CHRISTOPHER J C, KEVIN D C. Strategic Human Resource Practices, Top Management Team, Social Networks and Firm Performance: The Role of Human Resource Practices in Creating Organizational Competitive Advantage [J]. The Academy of Management Journal, 2003, 46: 740-751.

[44] COLEMAN J S, KATZ E, MENZEL H. Medical Innovation: A Diffusion Study [M]. Indianapolis, IN: Bobbs-Merrill, 1966.

[45] CYERT R M, MARCH J G. A Behavioral Theory of the Firm [M]. New York: Prentice-Hall, 1963.

[46] DATTA D K, RAJAGOPALAN N, RASHEED A M. Diversification and Performance: Critical Review and Future Directions [J]. Journal of Management Studies, 1991, 28 (5): 529-558.

[47] DAVIS G F. Agents without Principles? The Spread of the Poison Pill through the Intercorporate Network [J]. Administrative Science Quarterly, 1991, 36: 583-613.

[48] DAVIS G F, GREVE H R. Corporate Elite Networks and Governance Change in the 1980s [J]. American Journal of Sociology, 1997, 103: 1-37.

[49] DAVIS G F, MIZRUCHI M S. The Money Center Cannot Hold: Commercial Banks in the U. S. System of Corporate Governance [J]. Administrative Science Quarterly, 1999, 44: 215-239.

[50] DEMB A, NEUBAUER F. The Corporate Board [M]. New York: Oxford University Press, 1992.

[51] DIMAGGIO P J, POWELL W. W. The Iron Cage Revisited: Institutional Isomorphism and Collective Rationality in Organizational Fields [J]. American Sociological Review, 1983, 48: 147-160.

[52] DOMHOFF G W. Who Rules America? [M]. Englewood Cliffs, NJ: Prentice-Hall, 1967.

[53] DOOLEY P C. The Interlocking Directorate [J]. The American Economics Review, 1969, 59: 314-323.

[54] DOOLEY R S, Fowler D M, Miller A. The Benefits of Strategic Homogeneity and Strategic Heterogeneity: Theoretical and Empirical Evidence Resolving Past Difference [J]. Strategic Management Journal, 1996, 17: 293-305.

[55] EISENHARDT K M. Making Fast Strategic Decisions in High Velocity Environments [J]. Academy of Management Journal, 1989, 32: 543-576.

[56] FOMBRUN C J, GINSBERG A. Shifting Gears: Enabling Change in Corporate Aggressiveness [J]. Strategic Management Journal, 1990, 11:

297-308.

[57] FAMA E F, JENSEN M C. Agency Problems and Residual Claims [J] . Journal of Law and Economics, 1983, 26: 327-349.

[58] FINKELSTEIN S, HAMBRICK D C. Top-Management Team Tenure and Organizational Outcomes: The Moderating Role of Managerial Discretion [J] . Administrative Science Quarterly, 1990, 35: 484-503.

[59] FINKELSTEIN S, HAMBRICK D C. Strategic Leadership: Top Executive and Their Effects on Organizations [M] . St. Paul, MN: West Publishing, 1996.

[60] FLIGSTEIN N, BRANTLEY P. Bank Control, Owner Control, or Organizational Dynamics: Who Controls the Large Modern Corporation? [J] . American Journal of Sociology, 1992, 98 (2) : 280-307.

[61] FITCH R, OPPENHEIMER M. Who Rules the Corporations? [J] . Socialist Revolution, 1970, 1 (4) : 73-107; 1 (5) : 61-114; 1 (6) : 33-94.

[62] GALBRAITH J K. The New Industrial State [M] . New York: Houghton Mifflin, 1971.

[63] GELETKANYCZ M A, HAMBRICK D C. The External Ties of Top Executives: Implications for Strategic Choice and Performance [J] . Administrative Science Quarterly, 1997, 42: 654-681.

[64] GIBBS P A. Determinants of Corporate Restructuring: The Relative Importance of Corporate Governance, Takeover Threat, and Free Cash Flow [J] . Strategic Management Journal, 1993, 14: 51-68.

[65] GINSBERG A, BUCHHOLTZ A. Converting to For-profit Status: Corporate Responsiveness to Radical Change [J] . Academy of Management Journal, 1990, 33: 445-477.

[66] GOODSTEIN J, BOEKER W. Turbulence at the top: A New Perspective on Governance Structure Changes and Strategic Change [J] . Academy of Management Journal, 1991, 34: 306-330.

[67] GOODSTEIN J, GAUTAM K, BOEKER W. The Effects of Board

Size and Diversity on Strategy Change [J] . Strategic Management Journal, 1994, 15: 241 –250.

[68] GRIMM C M, SMITH K G. Management and Organization Change: A Note on the Railroad Industry [J] . Strategic Management Journal, 1991, 12: 557–562.

[69] GULATI R, WESTPHAL J D. Cooperative or Controlling? The Effects of CEO-Board Relations and the Content of Interlocks on the Formation of Joint Ventures [J] . Administrative Science Quarterly, 1999, 44: 473–506.

[70] HANNAN M T, FREEMAN J. The Population Ecology of Organizations [J] . American Journal of Sociology, 1984, 82: 929–964.

[71] HAMBRICK D C. Environmental Scanning and Organizational Strategy [J] . Strategic Management Journal, 1984, 3: 159–174.

[72] HAMBRICK D C, MASON P A. Upper Echelons: Organization as a Reflection of its Manager [J] . Academy of Management Review, 1984, 9 (2) : 193–206.

[73] HAMBRICK D C, FINKELSTEIN S. Managerial Discretion: A Bridge between Polar Views of Organizational Outcomes [J] . Research in Organizational Behavior, 1987, 9: 369–406.

[74] HAVEMAN H A. Follow the Leader: Mimetic Isomorphism and Entry into New Markets [J] . Administrative Science Quarterly, 1993, 38: 593–627.

[75] HAUNSCHILD P R. Interorganizational Imitation: The Impact of Interlocks on Corporate Acquisition Activity [J] . Administrative Science Quarterly, 1993, 38: 564–592.

[76] HAUNSCHILD P R, BECKMAN C M. When do Interlocks Matter? Alternate Sources of Information and Interlock Influence [J] . Administrative Science Quarterly, 1998, 43: 815–844.

[77] HERMALIN B, WEISBACH C. The Effects of Board Composition and Directors Incentives on Firm Performance [J] . Financial Management,

2000, 20: 101-112.

[78] HILFERDING R. Finance Capital [M]. London: Routledge and Kegan Paul, 1981.

[79] HILL W L. Diversified Growth and Competition: The Experience of Twelve Large UK Firms [J]. Applied Economics, 1995, 10: 27-47.

[80] HOSKISSON R, HITT M A. Antecedents and Performance Outcomes of Diversification: A Review and Critique of Theoretical Perspectives [J]. Journal of Management, 1990, 16: 461-509.

[81] JAEQUEMIN A P, BERRY C H. Entropy Measure of Diversification and Corporate Growth [J]. The Journal of Industrial Economics, 1979, 27 (4): 359-369.

[82] JANIS I L. Victims of Groupthink [M]. Boston: Houghton-Mifflin, 1972.

[83] JENSEN M C, MECKLING W. Theory of the Firm: Managerial Behavior, Agency Costs, and Ownership Structure [J]. Journal of Financial Economics, 1976, 3: 305-360.

[84] JUDGE W, ZEITHAML C. Institutional and Strategic Choice Perspectives on Board Involvement in the Strategic Decision Process [J]. Academy of Management Journal, 1992, 35: 766-794.

[85] KEISTER L A. Engineering Growth: Business Group Structure and Firm Performance in China's Transition Economy [J]. American Journal of Sociology, 1998, 104 (2): 404-440.

[86] KELLY D, AMBURGEY T L. Organizational Inertia and Momentum: A Dynamic Model of Strategy Change [J]. Academy of Management Journal, 1991, 34: 591-612.

[87] KOCHHAR R, HITT M A. Linking Corporate Strategy to Capital Structure: Diversification Strategy, Type and Source of Financing [J]. Strategic Management Journal, 1998, 19 (6): 601-610.

[88] KOENIG T. Interlocking Directorates among the Largest American Corporations and their Significance for Corporate Political Activity [D].

Santa Barbara : University of California, 1979.

[89] KOENIG T. , GOGEL, R. AND SONQUIST, "Models of Significance of Interlocking Corporate Directorates [J] . American Journal of Economics and Sociology, 1979, 38: 173–186.

[90] KOENIG T, GOGEL R. Interlocking Corporate Directorships as a Social Network [J] . American Journal of Economics and Sociology, 1981, 40 (1) : 37–51.

[91] KOSNIK R D. Effects of Board Demography and Directors [J] . Academy of Management Journal, 1990, 33: 129–151.

[92] KOTZ D M. Bank Control of Large Corporations in the United States [M] . Berkeley, CA: University of California Press, 1978.

[93] LANG, JAMES R L, DANIEL E. Increased Environmental Uncertainty and Changes in Board Linkage Patterns [J] . Academy of Management Journal, 1990, 33 (1) : 106–128.

[94] LANE P J, CANNELLA A A, LUBATKIN M H. Agency Problems as Antecedents to Unrelated Mergers and Diversification: Amihud and Lev Reconsidered [J] . Strategic Management Journal, 1998, 19 (6): 555–578.

[95] LI M F, ZHANG W Y. Diversification and Economic Performance: An Empirical Assessment of Chinese Firms [J] . Asia Pacific Journal of Management, 2007, 20: 243–265.

[96] LORSCH J W, MACLEVER E. Pawns or Potentates: The Reality of America's Corporate Boards [M] . Boston: Harvard Business School Press, 1989.

[97] LUBATKIN M, CHATTERJEE S. Extending Modern Portfolio Theory into the Domain of Corporate Diversification: Does it Apply? [J] . Academy of Management Journal, 1994, 37 (1) : 109–136.

[98] MACE M L . Directors: Myth and Reality [M] . Boston: Harvard Bus. Sch. , 1971.

[99] TUSHMAN M L, MOORE W. Readings in the Management of

Innovation［M］//MAIDIQUE M A, PATCH P. Corporate Strategy and Technological Policy. Marshfield, MA: Pitman, 1982: 273-285.

［100］MARCH J G, SIMON H A. Organization［M］. New York: Wiley, 1958.

［101］MARCH J G. A Primer on Decision Making: How Decisions Happen［M］. Free Press, 1994.

［102］MARIOLIS P . Interlocking Directorates and Control of Corporations: The Theory of Bank Control［J］. Social Science Quarterly, 1975, 56: 425-439.

［103］MEVEY J S. The Industrial Diversification of Multi-establishment Manufacturing Firms: A Developmental Study［J］. Canadian Statistical Review, 1972, 47: 112 -117.

［104］MICHEL J G, HAMBRICK D C. Diversification Posture and Top Management Team Characteristics［J］. Academy of Management Journal, 1992, 35: 9-37.

［105］MILLS C W. The Power Elite［M］. New York: Oxford University Press, 1956.

［106］MILES R E, SNOW C C, MEYER A D, et al. Organization Strategy, Structure, and Process［J］. Academy of Management Review, 1978, 3: 546-562.

［107］MINTZ B, SCHWARTZ M. The Power Structure of American Business［M］. Chicago: University of Chicago Press, 1985.

［108］MINTZBERG H. The Nature of Managerial Work［M］. New York: Harper & Row, 1973.

［109］MIZRUCHI M S. The American Corporate Network: 1904— 1974［M］. Beverly Hills: Sage Publications, 1982.

［110］MIZRUCHI M S. The Structure of Corporate Political Action: Interfirm Relations and Their Consequences［M］. Cambridge, MA: Harvard University Press, 1992.

［111］MIZRUCHI M S. What do Interlocks Do? An Analysis,

Critique, and Assessment of Research on Interlocking Directorates [J].
Annual Review Sociology, 1996, 22: 271–298.

[112] MIZRUCHI M S. Berle and Means Revisited: The Governance
and Power of Large U. S. Corporations [D]. Michigan: University of
Michigan, 2004.

[113] MIZRUCHI M S, STEARNS L B. A Longitudinal Study of
Formation of Interlocking Directorates [J]. Administrative Science
Quarterly, 1988, 33: 194–210.

[114] ZEITLEN M. Classes, Class Conflict and the State [M] //
Norich S. Interlocking Directorates, the Control of Large Corporations, and
Patterns of Accumulation in the Capitalistic Class. Cambridge: Winthrop,
1980: 83–106.

[115] ORNSTEIN M D. Interlocking Directorates in Canada:
Intercorporate or Class Alliance? [J]. Administrative Science Quarterly,
1984, 29: 210–231.

[116] PALMER D. Broken Ties: Interlocking Directorates and
Intercorporate Coordination [J]. Administrative Science Quarterly, 1983,
28: 40–55.

[117] PALMER D, FRIEDLAND R, SINGH J V. The Ties that Bind:
Organizational and Class Bases of Stability in a Corporate Interlock Network
[J]. American Sociological Review, 1986, 51: 781–796.

[118] PALMER D, JENNING P D, ZHOU X. Late Adoption of the
Multidivisional Form by Large U. S. Corporation: Institutional, Political and
Economic Accounts [J]. Administrative Science Quarterly, 1993, 38:
100–131.

[119] PARSONS T. Structure and Process in Modern Societies [M].
Glencoe, IL: Free, 1960.

[120] NYSTROM P G, STARBUCK W. Handbook of Organizational
Design [M] // PENNINGS J M. Strategically Interdependent Organization.
New York: Elsevier Scientific Publishing, 1977: Part I.

[121] PENNINGS J M. Interlocking Directorates [M]. San Francisco: Jossey-Bass, 1980.

[122] PENROSE E T. The Theory of the Growth of the Firm [M]. Oxford: Oxford University Press, 1959.

[123] PEARCE J A, ZAHRA S A. Board Composition Form a Strategic Contingency Perspective [J]. Journal of Management Studies, 1992, 29 (4): 410-448.

[124] PFEFFER J. Size and Composition of Corporate Boards of Directors: The Organization and Its Environment [J]. Administrative Science Quarterly, 1972, 17: 218-228.

[125] PFEFFER J, SALANCIK G R. The External Control of Organization: A Resource Dependence Perspective [M]. New York: Harper and Row, 1978.

[126] PORTER M. Competitive Strategy [M]. New York: Free Press, 1980.

[127] PORTER M. Competitive Advantage: Creating and Sustaining Superior Performance [M]. New York: Free Press, 1985.

[128] RAJAGOPAIAN N, SPREITZER G M. Toward a Theory of Strategic Change: A Multi-Lens Perspective and Integrative Framework [J]. Academy of Management Review, 1996, 22 (1): 48-79.

[129] RICHARDSON R J. Directorship Interlocks and Corporate Profitability [J]. Administrative Science Quarterly, 1987, 32: 367-386.

[130] ROSENSTEIN J. Why Don't US Boards Get More Involved in Strategy? [J]. Long Range Planning, 1987, 20 (3): 20-34.

[131] RUIGROK W, PECK S I, KELLER H. Board Characteristics and Involvement in Strategic Decision Making: Evidence from Swiss Companies [J]. Journal of Management Studies, 2006, 43 (5): 1201-1226.

[132] SCHOORMAN F D, BAZERMAN M H, ATKIN R S. Interlocking Directorates: A Strategy for Reducing Environmental

Uncertainty [J] . Academy of Management Review, 1981, 6 (2) : 243-251.

[133] SCOTT W R. Organization: Rational, Natural and Open Systems [M] . 3rd ed. Englewood Cliffs, NJ: Prentice-Hall, 1992.

[134] SELZNICK P. Leadership in Administration [M] . New York: Harper and Row, 1957.

[135] SHEARD P. An Analysis of the Supply of Executives by Banks to Boards of Large Japanese Firms [C] . Vancouver: UBC Press, 1993.

[136] SHLEIFER A, VISHNY R W. Large Shareholders and Corporate Control [J] . Journal of Political Economy, 1986, 95: 461-488.

[137] SINGH J V, HOUSE R J, TUCKER D. Organizational Change and Organizational Mortality [J] . Administrative Science Quarterly, 1986, 31: 199-611.

[138] SLEZNICK P. TVA and the Grass Roots [M] . New York: Harper, 1949.

[139] SNOW C C, HAMBRICK D C. Measuring Organizational Strategies: Some Theoretical and Methodological Problems [J] . Academy of Management Review, 1980, 5 (4) : 527-538.

[140] SPENDER J C. Managerial Judgement as the Basic Issue of Organizational Strategy Making [D] . Unpublished Working Paper, Manchester Business School, 1977.

[141] STEARNS L B, MIZRUCHI M S. Broken-tie Reconstitution and the Function of Inter-organizational Interlocks: A Reexamination [J] . Administrative Science Quarterly, 1986, 31: 522-538.

[142] STIGLER G J. The Theory of Economic Regulation [J] . Bell Journal of Economics & Management Science, 1971, 2: 3-21.

[143] STIGLITZ J E. Credit Market and the Control of Capital [J] . Journal of Money Credit Bank, 1985, 17: 133-152.

[144] STILES P. The Impact of the Board on Strategy: An Empirical Examination [J] . Journal of Management Studies, 2001, 7: 521-543.

[145] STOKMAN F N, VAN D K J, WASSEUR F W. Interlocks in the Netherlands: Stability and Careers in the Period 1960—1980 [J]. Social Network, 1988, 10: 183-208.

[146] TOLBERT P S, ZUCKER L G. Institutional Sources of Change in the Formal Structure of Organizations: The Diffusion of Civil Service Reform, 1880—1935 [J]. Administrative Science Quarterly, 1983, 28 (1): 22-39.

[147] TRICKER R I. Corporate Governance: Practices, Procedure and Powers in British Companies and Their Boards of Directors [M]. Oxford: Gover Publishing Company Limited, 1984.

[148] TUSHMAN M L, VIRANY B, ROMANELLI E. Executive Succession, Strategic Reorientations, and Organizational Evolution: The Minicomputer Industry as Case in Point [J]. Technology in Society, 1985, 7: 297-313.

[149] USEEM M. The Social Organization of the American Business Elite and Participation of Corporation Directors in the Governance of American Institutions [J]. American Sociological Review, 1979, 44: 553-572.

[150] USEEM M. The Inner Circle [M]. New York: Oxford University Press, 1984.

[151] WEBB J, DAWSON P. Measure for measure: Strategic Change in an Electronics Instruments Corporation [J]. Journal of Management Studies, 1991, 26: 561-585.

[152] WERNERFELT B A. A Resource-based View of the Firm [J]. Strategic Management Journal, 1984, 5 (2): 171-180.

[153] WESTPHAL J D. Collaboration in the Boardroom: The Consequences of Social Ties in the CEO/Board Relationship [J]. Academy of Management Journal, 1999, 42: 7-24.

[154] WESTPHAL J D, SEIDEL M L, STEWART K J. Second-order Imitation: Uncovering Latent Effects of Board Network Ties [J]. Administrative Science Quarterly, 2001, 46: 717-747.

[155] WESTPHAL J D, STERN I. The Other Pathway to the Boardroom: Interpersonal Influence Behavior as a Substitute for Elite Credentials and Majority Status in Obtaining Board Appointments [J]. Administrative Science Quarterly, 2006, 51: 169-204.

[156] WHIPP R, ROSENFELD R, PETTIGREW A. Managing Strategic Change in a Mature Business [J]. Long Range Planning, 1989, 22 (6): 92-99.

[157] WIERSEMA M F, BANTEL K A. Top Management Team Demography and Corporate Strategic Change [J]. Academy of Management Journal, 1992, 35: 91 -121.

[158] WILLIAMSON O E. Corporate Governance [J]. Yale Law Journal, 1984, 93: 1197-1230.

[159] ZAJAC E J. Interlocking Directorates as an Interorganizational Strategy: A Test of Critical Assumptions [J]. Academy of Management Journal, 1988, 31 (2): 428 -438.

[160] ZAJAC E J, KRAATZ M S. A Diametric Model of Strategic Change: Assessing the Antecedents and Consequences of Restructuring in the Higher Education Industry [J]. Strategic Management Journal, 1993, 14: 83-102.

[161] ZAJAC E J, WESTPHAL J D. The Social Construction of Market Value: Institutionalization and Learning Perspectives on Stock Market Reactions [J]. American Sociological Review, 2004, 69 (3): 433-457.

[162] ZEITLIN M. Corporate Ownership and Control: The Large Corporation and the Capitalist Class [J]. American Journal of Sociology, 1974, 79 (5): 1073-1119.

索　引